edition suhrkamp 2673

Keine statistische Kennzahl beeinflusst die aktuelle Politik stärker als das Bruttoinlandsprodukt (BIP). Noch in den dreißiger Jahren existierten in England und in den USA unterschiedliche Vorstellungen davon, wie sich wirtschaftliche Vorgänge in Zahlen abbilden ließen. Nur eine dieser Methoden, der Vorläufer des BIP, bewährte sich im Zweiten Weltkrieg als Planungs- und Informationsinstrument und wurde in der Nachkriegszeit von den USA mit aller politischen Macht im Westen als Standard etabliert. Zusammen mit der Idee des Wachstums gab diese Methode Hoffnung auf eine Zukunft unendlichen materiellen Wohlstands. Obwohl mit seiner Hilfe nur ganz bestimmte Probleme gelöst werden sollten, monopolisiert das BIP seitdem den Blick auf wirtschaftliche Zusammenhänge.

Philipp Lepenies, geboren 1971, ist Senior Fellow am Institute for Advanced Sustainability Studies (IASS) in Potsdam. Zuletzt gab er im Suhrkamp Verlag Joseph Townsends *Über die Armengesetze* heraus (stw 1982).

Philipp Lepenies

Die Macht der einen Zahl

Eine politische Geschichte des Bruttoinlandsprodukts

Suhrkamp

Klimaneutral
Druckprodukt
ClimatePartner.com/14438-2110-1001

2. Auflage 2023

Erste Auflage 2013
edition suhrkamp 2673
Originalausgabe

Satz: Satz-Offizin Hümmer GmbH, Waldbüttelbrunn
Druck: C. H. Beck, Nördlingen
Umschlag gestaltet nach einem Konzept
von Willy Fleckhaus: Rolf Staudt
Printed in Germany
ISBN 978-3-518-12673-8

www.suhrkamp.de

Inhalt

Für Susana

Einleitung

Das Bruttoinlandsprodukt (BIP) ist die mächtigste Kennzahl der Menschheitsgeschichte. Keine andere statistische Größe hat jemals eine ähnliche Wirkung entfaltet. Vordergründig ist das BIP nur das Maß der wirtschaftlichen Leistung einer Volkswirtschaft, der in einer Zahl ausgedrückte Wert aller in einer Periode hergestellten Güter und Dienstleistungen. Aber zusammen mit dem Wachstum, das die Veränderungsrate des BIP angibt, ist es viel mehr als bloße Statistik. Das BIP dient als Hauptindikator für Entwicklung und Fortschritt. Positives BIP-Wachstum ist nicht nur erklärtes Ziel fast jeder Regierung, sondern gilt oft auch als der einzig mögliche Ausweg aus einer ökonomischen Krise. Die Wirtschaft und die Politik der Welt definieren sich in hohem Maße über das BIP.

Dabei ist das BIP keine sich selbst erklärende Zahl wie die Temperatur in Celsius, der letztjährige Ausstoß von Treibhausgasen in Tonnen oder der Kaloriengehalt des eigenen Frühstücks. Es ist das Ergebnis einer Berechnungsmethode, die *bestimmte* wirtschaftliche Aspekte erfasst, andere jedoch nicht. Es beruht auf *einer* Interpretation dessen, was Leistung und was Volkswirtschaft heißt.

Das BIP ist ein Phänomen. Ökonomische Sachverhalte werden quantitativ abgebildet, nach festgelegten Regeln addiert und kumulieren in einer einzigen Zahl. Dabei handelt es sich im wahrsten Wortsinn um *politische Arithmetik*: Das BIP wird nicht nur im staatlichen Auftrag ermittelt, sondern beeinflusst das Regierungshandeln. Es erlaubt ein Regieren nach Zahlen.

Für das amerikanische Handelsministerium ist es eine

der »größten Erfindungen des 20. Jahrhunderts«,[1] anderen ist seine Macht nicht länger geheuer. So schrieb der ehemalige französische Präsident Nicolas Sarkozy im Vorwort zum Abschlussbericht der von ihm eingesetzten Kommission zur Messung der wirtschaftlichen Leistung und des gesellschaftlichen Fortschritts: »Wir haben es zugelassen, dass unsere statistische Darstellung von Wohlstand mit Wohlstand an sich gleichgesetzt wurde und unsere Darstellung der Realität mit der Realität an sich [...]. Wir haben einen Kult um Zahlen kreiert, der uns nun gefangen hält.«[2] Neben denen, die das BIP und die Ausrichtung auf Wachstum verteufeln, stehen die Befürworter, die höchstens kleine Änderungen der Messmethodik des BIP akzeptieren wollen, aber weiterhin das Hohelied des Wachstums singen. In beiden Fraktionen besteht jedoch kein Zweifel daran, dass dem BIP in unserer politischen Kultur eine zentrale Bedeutung zukommt.

Aber wie kam es dazu, dass das BIP eine solche Wirkungsmacht entfaltet hat? Wie konnte ein statistisches Konstrukt, das noch vor dem Zweiten Weltkrieg gänzlich unbekannt war, derart triumphieren? Solchen Fragen will dieses Buch nachgehen. Es will die Geschichte des BIP erzählen. Dabei geht es, genau genommen, um die Entstehung und Durchsetzung der Idee des Bruttosozialprodukts und in gewissem Maße auch der älteren Idee des Volkseinkommens. Das BIP hat in den neunziger Jahren international das seit Kriegsende gebräuchliche Konzept

1 Bureau of Economic Analysis (Department of Commerce), »GDP: One of the Greatest Inventions of the 20th Century«, in: *Survey of Current Business* 80/1 (2000), S. 6-14.

2 Joseph Stiglitz/Amartya Sen/Jean-Paul Fitoussi, *Mismeasuring our Lives – Why GDP doesn't add up. The Report by the Commission on the Measurement of Economic Performance and Social Progress*, London 2012, S. ix.

des Bruttosozialprodukts als wirtschaftliche und politische Hauptkennziffer abgelöst. Beide Konstrukte unterscheiden sich nur in Details, die hier von untergeordneter Bedeutung sind.

Die besondere Position des BIP resultiert aus seiner politischen Akzeptanz. Deswegen sind der Zeitpunkt und die Umstände relevant, die dazu geführt haben, dass die Idee des Bruttosozialprodukts als sinnvolle *Technologie des Regierens*[3] erkannt und seine Berechnung endgültig zur politischen Arithmetik wurde.

Dieses Buch versucht keine umfassende Geschichte der Volkswirtschaftlichen Gesamtrechnungen (*national accounts*). Sie wurde bereits von anderen geschrieben.[4] Stattdessen stehen die politischen Kontexte, in denen das BIP entstanden ist, und die entscheidenden Episoden im Zentrum, in denen es sich durchgesetzt hat. Sie erlauben es, die einzigartige Komplexität dieser Geschichte nachzuvollziehen und zu erkennen, an welche Traditionen das BIP anknüpft und welche Vorläufer es hatte. Ausgangspunkt für eine solche Untersuchung war nicht nur die von Sarkozy ausgedrückte Verwunderung über die Macht, die das BIP heute ausübt, sondern vor allem das Fehlen dieser historischen Perspektive in den aktuellen Versuchen, es zu verändern, zu ergänzen oder gar *vom Thron zu stoßen*, wie es häufig heißt.

In der politischen Geschichte, die ich erzählen werde, spielen drei Personen eine herausragende Rolle: William

3 Nikolas Rose / Peter Miller, »Political Power Beyond the State: Problematics of Government«, in: *British Journal of Sociology* 43 / 2 (1992), S. 172-205.

4 Siehe vor allem Paul Studenski, *The Income of Nations. Theory, Measurement, and Analysis: Past and Present*, New York 1958, und André Vanoli, *A History of National Accounting*, Amsterdam 2005.

Petty, Colin Clark und Simon Kuznets. Pettys Versuche, bereits im England des 17. Jahrhunderts nackte Zahlen in politisch relevante Daten und damit in ein Instrument der Machtausübung – eine politische Arithmetik – zu verwandeln, waren der wichtigste historische Vorläufer des BIP. Clark war ein genialer Einzelgänger und Chemiker, der in England nach der Weltwirtschaftskrise 1929, frustriert über das Fehlen volkswirtschaftlicher Daten, viele Grundlagen der BIP-Berechnung im Alleingang schuf. Kuznets, gebürtiger Russe, nutzte seine in der Frühzeit der Sowjetunion gemachten Erfahrungen mit Statistik, um in den USA zeitgleich mit Clark, allerdings in staatlichem Auftrag, eine systematische Berechnung des Volkseinkommens vorzulegen.

Die Bedeutung von Petty, Clark und Kuznets ist unumstritten. Und doch gelang es keinem von ihnen, seine eigenen Vorstellungen durchzusetzen. Ihre Rolle entbehrt nicht einer gewissen Tragik. Die Geschichte des BIP ist auch ein Lehrstück darüber, unter welchen Umständen Ideen politisch wirksam werden können. Ideologien hatten darauf einen Einfluss, aber nicht zuletzt so extreme Ereignisse wie die Weltwirtschaftskrise und der Zweite Weltkrieg. Und ohne John Maynard Keynes, der sowohl die Arbeiten von Clark als auch von Kuznets zu seinen Gunsten nutzte, wäre die Geschichte des BIP anders verlaufen.

Die Entstehungsgeschichte des BIP ist vielschichtig. Sie zeigt, warum diese Zahl eine derartige Macht entwickeln konnte und welche Gründe für ihren Triumph verantwortlich waren: die Bewährung in Krisenzeiten, die Durchsetzung als internationale Norm und der Glaube an die Nützlichkeit der politischen Arithmetik. Vor allem aber macht sie deutlich, dass sich das Festhalten am BIP und am Ideal des Wachstums an einem politischen Wertebild orientiert, das ursprünglich darauf abzielte, die Probleme der Kriegs- und unmittelbaren Nachkriegszeit zu lösen.

Im Folgenden werden zunächst einige wichtige technische Begriffe wie BIP, Bruttosozialprodukt und Volkseinkommen definiert. Danach werden William Petty und seine Idee der politischen Arithmetik vorgestellt. Colin Clark und der Fall England sind Thema des dritten, Simon Kuznets und die USA des vierten Kapitels. Im fünften Kapitel geht es um Deutschland und im letzten Kapitel darum, wie aus der Idee des Wachstums und des Bruttosozialprodukts schließlich das Wachstumsdogma entstand – und die Macht der einen Zahl ihren Höhepunkt erreichte.

1. Worum es geht: Bruttoinlandsprodukt, Bruttosozialprodukt und Volkseinkommen

Konzeptuell ist das BIP ein Produkt. Rechnerisch ist es eine Summe. Die Idee des BIP basiert auf der Annahme, dass man sämtliche in einem Land bereitgestellten Güter und Dienstleistungen als ein einziges aggregiertes Gut betrachten kann, dessen Geldwert sich berechnen lässt. Das erklärt auch, warum man den Begriff im Singular verwendet und nicht etwa von »Bruttoinlandsprodukten« eines Landes spricht.

In der einfachsten Definition bestimmt sich das BIP als der »Wert der im Inland erwirtschafteten Leistung einer Volkswirtschaft in einer Periode«.[5] Er bezieht sich auf alle »im Inland hergestellten Waren und Dienstleistungen (Wertschöpfung), soweit diese nicht als Vorleistungen für die Produktion anderer Waren und Dienstleistungen verwendet werden«.[6]

Unter dem *Wert* ist der Betrag in Geldeinheiten zu verstehen. Nicht Stückzahlen oder die Qualität von Produkten oder Dienstleistungen sind für das BIP relevant, sondern der aufaddierte Preis aller produzierten Güter. Dabei wird jedoch beispielsweise nicht der Endpreis eines Autos erfasst, sondern nur die Wertschöpfung, die der Autohersteller als letzter in der Produktionskette hinzufügt; der Wert aller Vorleistungen, die der Autobauer am Markt bezogen hat, um das Auto herstellen zu können (Rohstoffe, Dienstleistungen, Vorprodukte), muss vom Preis des Fahr-

5 Destatis, *Statistisches Jahrbuch*, Wiesbaden 2012, S. 339.

6 Vgl. die Erklärung auf der Website des Statistischen Bundesamtes: {http://www.destatis.de/DE/Meta/AbisZ/BIP.html} (Stand: Juni 2013).

zeugs abgezogen werden. Auf diese Weise werden Doppelzählungen vermieden, denn der Wert der Vorleistungen wird bereits beim Reifenhersteller oder dem Polsterer, der die Sitze zum Auto beisteuert, erhoben und separat erfasst.[7]

Die Bewertung anhand von Preisen impliziert, dass nur Güter und Dienstleistungen in die Berechnung eingehen, die am Markt gehandelt werden. Was keinen Marktpreis hat, ist für das BIP bedeutungslos. Dazu gehören etwa die unbezahlte Hausarbeit oder die Nutzung von Naturressourcen, die aus der Sicht einer Marktlogik unentgeltlich zur Verfügung stehen.

Aus der Veränderung des BIP gegenüber dem Wert des vorausliegenden Vergleichszeitraums bestimmt sich das *Wachstum*. Es wird in Prozent ausgewiesen und ist *preisbereinigt*: Man versucht, die Inflation herauszurechnen. Sonst würde ein bloßer Anstieg des Preisniveaus bereits als BIP-Wachstum erscheinen, auch wenn die Menge der hergestellten Güter und Dienstleistungen gar nicht zugenommen hat.[8]

7 Die erfassten Preise sind zunächst nur die Herstellungspreise (die Preise, die ein Produzent vom Endkonsumenten erhält ohne die Mehrwertsteuer). Aus den aufaddierten Herstellungspreisen ergibt sich die Bruttowertschöpfung. Werden nun Gütersteuern hinzugerechnet (dazu zählen die Mehrwertsteuer sowie beispielsweise die Mineralölsteuer) und auch eventuell erhaltene Gütersubventionen abgezogen, ergibt sich die Wertschöpfung zu Marktpreisen und damit laut Definition das BIP.

8 Das BIP kann theoretisch nicht nur durch die Menge an produzierten Gütern und Dienstleistungen steigen, sondern auch aufgrund von Qualitätsverbesserungen von Gütern, die sich in einem höheren Preis widerspiegeln. Den Unterschied zwischen verbesserter Qualität und einfacher Preissteigerung zu erfassen ist jedoch methodisch sehr schwierig. Siehe dazu die Ausführungen in dem Bericht der Enquete-Kommission Wachstum Wohlstand Lebensqualität, Abschlussbericht der Projektgruppe 1. Stellenwert von Wachstum in Wirtschaft und Gesell-

Brutto bedeutet, dass die während des Produktionsprozesses auftretende Wertminderung des angelegten Kapitals (insbesondere die Abnutzung der Maschinen) unberücksichtigt bleibt. Berechnet man diesen Verschleiß in Form von Abschreibungen mit ein, wird aus dem Bruttoinlandsprodukt das Nettoinlandsprodukt.

Um das *Inlands*produkt handelt es sich, weil nur wirtschaftliche Aktivitäten von Individuen erfasst werden, die innerhalb eines bestimmten Wirtschaftsgebiets – häufig in den Grenzen des jeweiligen Nationalstaats – erbracht werden (Inlands- oder Arbeitsortkonzept). Nationalität und Wohnsitz des oder der Einzelnen spielen dabei keine Rolle. In das BIP der Bundesrepublik findet die Wertschöpfung einer in Deutschland produzierenden chinesischen Firma ebenso Eingang wie die Leistung eines Pendlers, der täglich von Polen aus zu seinem Arbeitsplatz nach Deutschland fährt, nicht jedoch die Wertschöpfung einer deutschen Firma, die in der Volksrepublik produziert, oder das Einkommen eines Angestellten, der im deutschen Kehl lebt und im französischen Straßburg arbeitet.

Das Bruttosozialprodukt ist vom Ansatz der Erfassung her mit dem BIP identisch (auch hier geht es um die Summe der Wertschöpfung). Der wichtige definitorische Unterschied liegt darin, dass das Bruttosozialprodukt nicht auf dem Inlands-, sondern dem Inländerkonzept beruht. Das heißt, das Bruttosozialprodukt erfasst die Wertschöpfung, die alle Menschen mit permanentem Wohnsitz in einem bestimmten Land leisten (die Inländer), egal ob sie

schaft – Oppositionsbericht, Kommissionsdrucksache 17(26)84, Berlin 2013, {http://www.bundestag.de/bundestag/gremien/enquete/wachstum/Kommissionsdrucksachen/84_neu_Oppositionsbericht_PG_1.pdf} (Stand: Juni 2013). Hier ist entscheidender, dass historisch mit der Idee des Wachstums die Ausweitung der Menge produzierter Güter und Dienstleistungen verbunden wurde und wird.

das in den Grenzen des Landes tun, in dem sie leben, in den Nachbarländern oder in anderen Teilen der Welt.

Mit zunehmender Globalisierung wurde es umso wichtiger festzustellen, welche Wirtschaftsleistung innerhalb des eigenen Staatsgebietes erbracht wird. Diese Angabe – die das BIP macht – schien für kurzfristige Analysen der wirtschaftlichen Situation des Landes aussagekräftiger als das Bruttosozialprodukt. Deshalb stellten die USA ihre Berechnungsmethode 1991 entsprechend um. In Deutschland fand der Wechsel vom Bruttosozialprodukt hin zum BIP im Jahre 1997 statt.

Die methodische Besonderheit der Berechnung des BIP (analog gilt das auch für das Bruttosozialprodukt) besteht darin, dass es auf drei verschiedene Arten ermittelt werden kann. Laut Definition müssen die jeweiligen Ergebnisse übereinstimmen. So lässt sich der Wert des BIP auf unterschiedliche Arten kontrollieren. Dadurch soll die ermittelte Zahl kohärenter und plausibler werden.

Das BIP berechnet sich entweder nach der Produktion (Entstehung), den Ausgaben (Verwendung) oder der Einkommensverteilung. Beim Produktionsansatz wird das BIP anhand der oben beschriebenen Bruttowertschöpfung bei den Produzenten ermittelt. Der Ausgabenansatz hingegen erfasst, was die Endverbraucher für Waren und Dienstleistungen ausgeben, also wie hoch der Wert der Waren und Dienstleistungen ist, die sie über den Markt beziehen. Bei diesem Ansatz steht die Nachfrageseite im Vordergrund. Private Konsumausgaben, die Staatsausgaben, die Bruttoinvestitionen und die Exporte werden addiert. Der Wert der Importe wird (als der sogenannte Außenbeitrag) abgezogen. Auch diese Berechnungsform ergibt das BIP.

Die dritte Berechnungsform, die Verteilungsrechnung,

basiert auf der Erfassung der Einkommen, die durch den Produktionsprozess innerhalb der betrachteten Periode entstanden sind. Dabei werden zunächst die Arbeitnehmerentgelte gemäß dem Inländerkonzept erfasst und zu den Unternehmens- und Vermögenseinkommen hinzugerechnet. Dies ergibt das Volkseinkommen, das auch als »Nettonationaleinkommen zu Faktorkosten« bezeichnet wird. Es ist, vereinfachend gesagt, die Summe der Einkommen, die den in einer Volkswirtschaft lebenden Menschen zur Verfügung stehen.

Wenn man zu diesem Betrag die Abschreibungen sowie die Produktions- und Importabgaben an den Staat addiert und staatliche Subventionen subtrahiert, dann kommt man auf das Bruttonationaleinkommen. Es ist numerisch mit dem Bruttosozialprodukt identisch, nur dass es hier von der Einkommensseite her berechnet wird.[9] Zieht man davon das sogenannte Primäreinkommen ab, das aus der übrigen Welt bezogen beziehungsweise an die übrige Welt gezahlt wird (dazu gehören neben Arbeitseinkommen auch Zinsen), wird aus dem Inländerkonzept das Inlandskonzept, und der ermittelte Betrag entspricht wiederum dem BIP.

In Deutschland wird das BIP lediglich auf der Entstehungs- und Verwendungsseite berechnet. Für eine Erhebung auf der Verteilungsseite fehlen notwendige Daten über die Unternehmens- und Vermögenseinkünfte. Diese werden als Restgröße berechnet.[10]

9 Der Begriff des Bruttosozialproduktes ist mittlerweile ungebräuchlich; er wird durch die Bezeichnung »Bruttonationaleinkommen« ersetzt.

10 Vgl. auch hierzu die Erläuterungen auf der Website des Statistischen Bundesamtes: {http://www.destatis.de/DE/Meta/AbisZ/BIP.html} (Stand: Juni 2013).

Das BIP und seine Berechnung sind Teil der sogenannten Volkswirtschaftlichen Gesamtrechnungen (VGR oder *national accounts*). Sie sollen ein »möglichst umfassendes und übersichtliches quantitatives Gesamtbild des wirtschaftlichen Geschehens« eines Landes bieten.[11] Es handelt sich dabei um ein Konten- und Tabellensystem, mit dem der Wirtschaftsablauf und die wirtschaftlichen Tätigkeiten von Personen und Institutionen in Zahlen ausgedrückt werden. Mithilfe dieser Konten und Tabellen lässt sich das BIP überhaupt erst berechnen.

Die Volkswirtschaftlichen Gesamtrechnungen beruhen auf dem System der doppelten Buchführung. Den Einnahmen, die in einer Tabelle erfasst werden, müssen Ausgaben in einer anderen Tabelle entsprechen. Die Daten werden unter Rückgriff auf aktuelle wirtschaftsstatistische Erhebungen (Finanz- und Steuerstatistiken, Daten der Bundesagentur für Arbeit), die Geschäftsstatistiken und Jahresabschlüsse großer Unternehmen, Haushaltsbefragungen und Informationen von Verbänden ermittelt.[12] Die BIP-Berechnung ist der prominenteste Teil der Volkswirtschaftlichen Gesamtrechnungen. Andere Teile sind die Input-Output-Rechnung, die Vermögensrechnung und die Erwerbstätigenrechnung.

Die Methodik der BIP-Erfassung anhand der Volkswirtschaftlichen Gesamtrechnungen ist international harmonisiert. Für die Europäische Union gilt das Europäische System Volkswirtschaftlicher Gesamtrechnungen (ESVG) von 1995, das weitgehend mit dem weltweit angewandten System of National Accounts (SNA) der Vereinten Nationen von 2008 übereinstimmt. Die Volkswirtschaftlichen Gesamtrechnungen sind Teil der amtlichen Statistik, de-

11 Destatis, *Statistisches Jahrbuch*, S. 337.
12 Ebd.

ren Erstellung zu den hoheitlichen Aufgaben eines Staates gehört und daher von staatlichen Organen durchgeführt wird. In Deutschland ist dafür das Statistische Bundesamt zuständig.

Die Volkswirtschaftlichen Gesamtrechnungen ermöglichen ein Abbild der Kreislaufbeziehung aller wirtschaftlich tätigen Menschen einer Gesellschaft. Lehrbücher der Wirtschaftswissenschaften beginnen oft mit einer graphischen Darstellung des Wirtschaftskreislaufs. Er besteht im einfachsten Fall aus der Beziehung zwischen Unternehmen (der Wirtschaft) und der Bevölkerung (wenn man der Einfachheit halber den Staat und den grenzüberschreitenden Handel erst einmal unberücksichtigt lässt). Der Kreislauf wird dabei in Form zweier in unterschiedlicher Richtung verlaufender Ströme zwischen der Wirtschaft und der Bevölkerung veranschaulicht. Der eine Strom repräsentiert die produktive Seite der Wirtschaft: Beschäftigte stellen ihre Arbeitskraft den Unternehmen zur Verfügung, dadurch entstehen auf der Produzentenseite Waren und Dienstleistungen, die wiederum von der Bevölkerung konsumiert werden. Der Kreislauf, der in der anderen Richtung verläuft, beschreibt die Geldströme: Die Unternehmen zahlen den Beschäftigten Löhne und Gehälter für die erbrachte Arbeitsleistung, welche die Beschäftigten ihrerseits nutzen, um von den Unternehmen Waren und Dienstleistungen zu erwerben. Durch den Produktionsansatz sowie den Ausgaben- und Verteilungsansatz der BIP-Erfassung werden diese Ströme sichtbar gemacht und quantifiziert. Das BIP ist dann die zusammengefasste und aggregierte Größe, die sich auf den jeweiligen Kreislaufbahnen jeweils in die eine bzw. die andere Richtung bewegt.

Trotz der unterschiedlichen Berechnungsarten (Produktion, Ausgaben, Verteilung) ist das BIP vor allem ein

Maß der Produktion. Daher definiert sich auch das Wachstum, die Veränderungsrate des BIP, vorrangig als eine Erhöhung der Produktion. Die Kritik an der Idee des BIP und des Wachstums, wie sie seit Jahrzehnten geäußert wird, macht sich daran fest, dass es beim BIP um Güter und beim Wachstum um eine Erhöhung der Produktion geht. Das BIP ist ein materialistisches Konzept.

Historisch bedeutsam war der Zeitpunkt, an dem das Bruttosozialprodukt (als Vorläufer des BIP) und damit der Produktionsfokus im politischen Bewusstsein die ältere Idee des Volkseinkommens ablöste, das sich eher an den Einkommensströmen orientiert hatte. Erst als sich der Fokus von den Einkommensströmen auf die produzierten Güter verschob, wurde das BIP-Konzept politisch relevant. Mit dem Produktionsfokus wurde aus einem statistischen Konstrukt eine politische Größe: Das Bruttosozialprodukt entwickelte sich zur mächtigsten politischen Zahl. Gleichzeitig wurde das Bruttosozialprodukt zu einem Instrument, mit dem man viel mehr erreichen wollte als eine bloße Ausweitung der Menge der Güter und Dienstleistungen. Die Erfolgsgeschichte des Bruttosozialprodukts und des BIP gründet sich auf die Tatsache, dass die Politik mit ihnen von Anfang an eine Reihe ganz anderer Ziele verfolgte als eine reine Dokumentation wirtschaftlicher Vorgänge.

2. Vorgeschichte: William Petty und die Ökonomie

William Petty und die Political Arithmetick

Der Engländer William Petty (1623-1687) gilt als Begründer der Volkseinkommensberechnung. Den vorhandenen Wohlstand oder die Steuereinnahmen zu erfassen, war schon immer eine wichtige administrative Aufgabe jedes Regenten – egal ob es sich um kleine Adelssitze oder Weltreiche handelte. Aber Petty erkannte als einer der ersten, dass die Kombination und Interpretation bestimmter empirisch erfassbarer oder auch geschätzter Daten dem Staat ein bestimmtes Regierungshandeln nahelegen konnten. Seine Methode nannte er politische Arithmetik, und ihm war bewusst, dass sie nicht nur eine Machtquelle für den Staat selbst war, sondern zugleich für denjenigen, der diese Arithmetik durchführte.

Wie es für die gesamte Geschichte der Bruttoinlandsproduktberechnung charakteristisch ist, entstanden auch die Überlegungen Pettys als Reaktion auf eine massive Krise. Als er sich Mitte des 17. Jahrhunderts Gedanken über die genaue Berechnung des Volkseinkommens machte, hatte einer der »dramatischsten und turbulentesten Zeitabschnitte« der englischen Geschichte begonnen.[13] Von 1642 bis 1649 wütete ein Bürgerkrieg, der in der Errichtung einer Republik unter Oliver Cromwell gipfelte. Während der Glorious Revolution von 1688 wurde England von Holland angegriffen und König James II. abgesetzt. Schottland und Irland durchlebten interne, bewaffnete Konflikte. Mit

13 Bertram Schefold/Denis O'Brien/A. W. Coats/Tony Aspromourgos, *Vademecum zu einem Klassiker der angewandten Nationalökonomie*, Düsseldorf 1992, S. 97.

Frankreich lag man im Krieg. Hinzu kamen Hungersnöte und Pestepidemien.

Petty wurde 1623 in Hampshire in ärmlichen Verhältnissen geboren. Er war ein Tausendsasa: Mediziner, Musikprofessor, Statistiker, Mitglied des Parlaments, Demograph, Kartograph, Industrieller und Autor. Der Londoner Chronist Samuel Pepys schrieb über ihn, Petty sei »der vernünftigste Mann gewesen, den er jemals habe in Zungen sprechen hören«.[14] Im Alter von vierzehn Jahren heuerte Petty auf einem Schiff an. Dabei wurde ihm seine starke Kurzsichtigkeit zum Verhängnis: Während einer Wache übersah er eine Sandbank – das Schiff lief auf. Auf Befehl des Kapitäns peitschte man ihn aus und brach ihm den Arm. Für den weiteren Seedienst untauglich, wurde der Junge verletzt und allein an der Küste der Normandie zurückgelassen. In Caen, wohin sich Petty begab, beeindruckte er die dort lehrenden Jesuiten aufgrund seiner Begabungen so sehr, dass er die Erlaubnis erhielt, sich an deren Hochschule einzuschreiben. Anschließend kehrte er nach England zurück, flüchtete jedoch 1643 vor dem dort ausgebrochenen Bürgerkrieg und studierte Medizin in Utrecht, Leiden, Amsterdam und Paris,[15] wo er kurze Zeit Thomas Hobbes assistierte und Descartes kennenlernte.

Als jungem Anatom in Oxford gelang es ihm 1650, in einer Vorlesung den vermeintlichen Leichnam einer jungen Frau, die kurz zuvor gehängt, aber dabei nicht zu Tode gekommen war, vor den Augen seiner Studenten auf dem Seziertisch wieder zum Leben zu erwecken. Die dar-

14 C. H. Hull, *The Economic Writings of William Petty*, Band 1, Cambridge 1899, S. xxxiii.

15 Antoin E. Murphy, *The Genesis of Macroeconomics. New Ideas from Sir William Petty to Henry Thornton*, Oxford 2009, S. 23.

aufhin kursierende kleine Schrift *Neuigkeiten von den Toten*, die diese Begebenheit reißerisch berichtete, machte Petty schlagartig berühmt und verschaffte ihm seine erste Professur, der später noch ein Lehrstuhl für Musik folgen sollte.[16]

Petty verließ aber 1652 die Universität, um Arzt in der Armee Cromwells zu werden. Er diente in Irland, wo nach der Niederschlagung des irischen Aufstands (1641-1651) weite Teile des Landes unter den englischen Besatzern aufgeteilt werden sollten. Dazu waren ein Kataster und eine erste genaue Kartierung der Insel notwendig. Petty führte aufgrund seines organisatorischen Geschicks und seines wissenschaftlichen Fachwissens diese Kartierung in schnellster Zeit durch und machte sich damit in den politischen Kreisen Englands einen Namen. Mithilfe seiner Kartierung konnten Ländereien verteilt und die lokale Bevölkerung vertrieben werden. Auch Petty gelangte unter dubiosen Umständen zu einem der größten Grundbesitze Irlands. Zeitlebens musste er sich deswegen politischer Anfeindungen erwehren. Als in den Adelsstand erhobenes Parlamentsmitglied verteidigte er vehement die Interessen der englischen Siedler in Irland.

In London gehörte Petty einer informellen Vereinigung von Gelehrten an, die sich intensiv mit der experimentellen Naturwissenschaft befassten. Sie waren entscheidend durch die Erkenntnisse und Ideen Francis Bacons beeinflusst. Bacon ging davon aus, dass Induktion, Empirie und Experimente helfen, die Natur zu verstehen und dadurch das Los der Menschheit zu verbessern. Die neue Methode würde zu einer völligen Erneuerung des Wissens führen,

16 Ebd., S. 21 f.

einer *Instauratio Magna* – so der Titel seines Fragment gebliebenen philosophischen Hauptwerks. Eng verbunden mit dieser Wissensrevolution war die Vorstellung, der Mensch werde durch die Anwendung jener neuen Methode in die Lage versetzt, seine Umwelt zu verändern, Einfluss auf die Natur zu nehmen und so endlich das *regnum hominis*, die Herrschaft des Menschen über die Welt, zu errichten.[17]

Aus der losen Gruppierung von Gelehrten ging 1662 die Royal Society hervor. Petty, als deren Gründungsmitglied, erfand selbst mehrere Maschinen. Dazu zählte ein großer Katamaran, der den Handel auf dem Seeweg revolutionieren sollte und auf den Namen »Experiment« getauft wurde. Das Schiff ging nicht in Serie. Der Prototyp sank bei der Vorführung.

Das Bacon'sche Diktum »Wissen ist Macht« bezog sich auf die Staatsgewalt. Auf Wissen gegründete Macht sollte den Regenten befähigen, seine Herrschaft zu sichern und auszuweiten. Die Erzeugung von Wissen war mindestens so wichtig wie die beste Waffe oder eine gewonnene Schlacht.

Petty assistierte seinem Freund John Graunt beim Verfassen der 1662 erschienenen Schrift *Natural and Political Observations made upon the Bills of Mortality*, die als erste Publikation der Statistik gilt. Ausgehend von den wöchentlich in London erstellten Sterbetabellen machten die beiden sich daran, die vorliegenden Zahlen zusammenzutragen und zu analysieren.[18] Bewusst verwendeten sie im Titel das Wort *political*. Die Auswertung der vorhandenen Daten sollte politischen, nicht rein wissenschaftlichen

17 Stephen Gaukroner, *Francis Bacon and the Transformation of Early-Modern Philosophy*, Cambridge 2001.

18 Hull, *Economic Writings*, Band 1, S. xl.

Zwecken dienen. Politisch bedeutsam war die Analyse der Sterbetabellen schon deshalb, weil sich die Regierung mit ihrer Hilfe ein genaues Bild davon machen konnte, wie viele Männer im Kriegsfall als Soldaten zur Verfügung standen. Die Anzahl der Untertanen gab Auskunft über die Stärke und den Reichtum eines Landes; sie war eine wichtige Planungsinformation.

Die *Observations* lieferten nicht nur eine detaillierte Auswertung der Todesursachen und der Verteilung von bestimmten Krankheiten und deren Ursachen, sie gaben auch ein für damalige Verhältnisse umfassendes Bild der sozialen und wirtschaftlichen Lage. Darüber hinaus machten die Autoren konkrete Vorschläge für eine verbesserte Datenerfassung und erklärten, warum weitere kontinuierliche statistische Erhebungen sinnvoll wären.[19] Sie zeigten sich überrascht davon, wie viele Menschen im Land nicht arbeiteten oder in ihren Augen unnötige Tätigkeiten verrichteten. Dazu gehörten für sie auch Gelehrte, die sich eher mit theologischen und philosophischen Spekulationen beschäftigten als mit der *Natur* und den *Dingen*, oder die sich solchen irdischen Themen allenfalls mit Worten näherten, nicht jedoch mit Zahlen.[20] Eine genaue Kenntnis der sozialen und wirtschaftlichen Situation eines Landes sei aber unabdingbar für eine »gute, sichere und leichte Regierungstätigkeit«.[21] Die Kunst des Regierens, von *politicks*, bestehe darin, die Untertanen in *peace and plenty*, in Frieden und materiellem Wohlstand, zu erhalten.[22]

19 Hull, *Economic Writings*, Band 2, S. 394.
20 Ebd., S. 397.
21 Ebd.
22 Ebd., S. 395. – Aufgrund eines Parlamentsbeschlusses waren nach einer Pestepidemie in der Mitte des 17. Jahrhunderts alle Gemeinden Englands und in Wales angehalten, detaillierte Geburts- und Sterberegister anzulegen. Daneben sorgten Änderungen im Steuersystem dafür, dass

Die neuartigen wissenschaftlichen Methoden wurden von Anfang an auch auf soziale Prozesse angewendet. Bacon hatte die Politik eines Landes mit dem menschlichen Körper verglichen. Ein erfolgreiches Regieren setze das Wissen darüber voraus, wie dieser Körper funktioniert. Für den Mediziner Petty war das ein verständliches Bild. Sein in den 1660er Jahren während des Krieges gegen Holland entstandenes Buch nannte er mit Bedacht *The Political Anatomy of Ireland.*

Zur selben Zeit verfasste Petty eine kurze Schrift, die später (1691) als ein Anhang der *Political Anatomy* publiziert wurde. Sie trug den Titel *Verbum Sapienti* – »Ein Wort [ist] dem Weisen [genug]«, als handle es sich bei seinen Ausführungen um Dinge, die für den Eingeweihten keiner weiteren Erklärung bedürfen. Der Untertitel lautete: *Ein Bericht über den Reichtum und die Ausgaben Englands und über die Methode Steuern möglichst gerecht zu erheben. Es wird auch gezeigt werden, dass die Nation die Last von 4 Millionen Pfund pro Jahr tragen kann, falls die Regierung dies für erforderlich halten sollte.*[23] Die wenigen Seiten beinhalten die erste systematische Volkseinkommensberechnung.

Das Volkseinkommen des Königreichs (*annual proceed*) ermittelte Petty über eine Schätzung des Konsums (*expence of the nation*). Durch einen angenommenen Betrag der Pro-Kopf-Ausgaben pro Tag (für Essen, Unterkunft, Kleidung und andere Notwendigkeiten) errechnete

erstmalig Daten zu Immobilien, Landbesitz, Nutztieren und dem Konsum von Lebensmitteln erhoben wurden. Ebenso wurde der Außenhandel stärker kontrolliert und die Warenströme registriert, so dass zu Lebzeiten Pettys ein wenn auch unvollständiger und rudimentärer Datenbestand zu wirtschaftlichen und sozialen Sachverhalten vorlag. Bessere Informationen hatte es zuvor nicht gegeben.

23 William Petty, *The Political Anatomy of Ireland*, London 1691.

er anhand der geschätzten Einwohnerzahl von 6 Millionen einen gesamten Ausgaben- oder Konsumbetrag von 40 Millionen Pfund pro Jahr. Wenn die Menschen des Königreichs diesen Betrag ausgeben konnten, um zu überleben, dann mussten sie über Einkünfte in derselben Höhe verfügen. Petty errechnete – oder genauer, behauptete –, dass die vorhandenen Vermögenswerte, vor allem auch der Grundbesitz, nur ein jährliches Einkommen im Wert von 15 Millionen Pfund generierten. Der Fehlbetrag von 25 Millionen Pfund musste sich also durch eine andere Einkommensquelle erklären, und zwar durch den Faktor Arbeit: Die durch Lohnarbeit erzielten Einkünfte ergaben laut Petty diese Summe.[24]

Die erste krude volkswirtschaftliche Gesamtrechnung wirkt auf den ersten Blick trivial. Auch die Form der Darstellung beeindruckt kaum. Die Ergebnisse und Berechnungen werden in wenigen Zeilen und nur verbal erklärt. Aber die dahinter stehende Methode war gänzlich neu. Petty stellte die Einnahmeseite der Ausgabenseite gegenüber und zerlegte beide in einzelne Komponenten. Außerdem unterschied er grob zwischen Bestands- und Flussgrößen, da er neben dem Einkommen auch den Wert des bestehenden Vermögens zu erfassen versuchte.[25] Seine Beschreibung erlaubte ihm zu behaupten, dass es möglich sei, sich in übersichtlicher Form ein zahlengestütztes Bild von der Struktur und vom Zustand der wirtschaftlichen Aktivitäten eines Landes zu machen und zu analysieren, wie Einkommen entsteht und ausgegeben wird.

Die Berechnung des Volkseinkommens war kein Selbst-

24 Hull, *Economic Writings*, Band 1, S. lxxiii.

25 John Kendrick, »The Historical Development of National-Income Accounts«, in: Craufurd D. W. Goodwin (Hg.), *History of Political Economy*, Band 2, Durham 1970, S. 284-315, hier S. 286.

zweck. Entscheidend war auch nicht das genaue Ergebnis.[26] Wichtiger war für Petty, mit seinen Zahlen zeigen zu können, dass ein geändertes Steuersystem der Staatskasse höhere Einkünfte bringen würde als bisher. Die Steuerbasis war viel breiter als angenommen. Um das behaupten zu können, musste Petty allerdings glaubwürdig darlegen, dass das erzielte Einkommen eines Landes nur zu einem kleinen Teil aus Landbesitz stammte.[27] Wenn die Arbeitskraft einen viel größeren Beitrag zum Einkommen leistete, konnte sie auch erfolgreich besteuert werden. Dies war die entscheidende Information, die Petty der Politik übermitteln wollte. Er entdeckte die wirtschaftliche Kraft der arbeitenden Bevölkerung. Deshalb nannten Karl Marx und Friedrich Engels ihn den »Begründer der modernen politischen Ökonomie« und einen »der genialsten und originellsten ökonomischen Forscher«. Mit dem Gewicht, das Petty der Arbeit im Wirtschaftsprozess beimaß, nahm er die Arbeitswertlehre vorweg, die sowohl für Smith als auch für Marx ein Grundpfeiler ihres eigenen Denkens war.[28]

Anders als die Naturforscher konnte Petty bei seinen Berechnungen nicht auf Experimente und Versuchsanordnungen zurückgreifen. Dennoch war er davon überzeugt, dass sein Vorgehen revolutionär war:

> »Die Methode, die ich benutze, ist noch nicht besonders verbreitet. Statt komparative und superlative Wörter zu verwenden und

26 In seinem *Treatise of Taxes and Contributions* aus dem Jahre 1662 hatte Petty die Ausgaben des britischen Volkes auf »wahrscheinlich nicht weniger als 50 Millionen« geschätzt. Siehe Hull, *Economic Writings*, Band 1, S. 56.

27 Murphy, *Genesis of Macroeconomics*, S. 31.

28 Vgl. *Marx-Engels-Werke (MEW)*, Band 23, Berlin 1962, S. 908, bzw. Friedrich Engels, *Herrn Eugen Dührings Umwälzung der Wissenschaft* [1878], in: *Marx-Engels-Werke*, Band 20, Berlin 1962, S. 216 und S. 218.

intellektuelle Argumente, habe ich den Weg eingeschlagen (in der Form der Idee einer politischen Arithmetik, die ich schon länger verfolge), mich eher mit Zahlen, Gewichten und Maßen zu befassen, nur mit Sinneseindrücken und nur solche Gesetzmäßigkeiten zu betrachten, die in der Natur begründet liegen.«[29]

Pettys Anspruch war gewaltig. Mit seiner Methodik wollte er theoretische Betrachtungen und Fantastereien durch ein genaues, messbares, quantifizierbares und damit verlässliches Bild der Realität ersetzen.

Die Analyse von Zahlen war für Petty ein Ersatz für Experimente. Zahlen, die soziale und ökonomische Phänomene beschrieben, waren das Resultat von Regierungshandeln. Die Untersuchung dieser Daten erlaubte es, Erfolge oder Misserfolge von Regierungsmaßnahmen so zu bewerten, wie man die Ergebnisse von Versuchen analysieren würde.

Etwa zehn Jahre später, 1676, schätzte Petty erneut das Volkseinkommen Englands. Den Essay, in dem er seine Rechnungen vorlegte, nannte er *Political Arithmetick*. Es handelte sich, wie der Untertitel erläuterte, um »eine Abhandlung über das Ausmaß und den Wert der Ländereien, der Menschen, Gebäude [...] etc., die sich auf jedes Land bezieht, insbesondere aber auf die Gebiete Seiner Majestät, Großbritannien, sowie seiner Nachbarn Holland [...] und Frankreich«. Petty verglich seine Zahlen mit Statistiken aus den genannten Ländern. Er wollte zeigen, dass England es aufgrund seines Reichtums und seiner Ressourcen – trotz Kriegen und Revolution – in wirtschaftlicher und militärischer Hinsicht mit den beiden feindlichen Ländern

29 Hull, *Economic Writings*, Band 1, S. lxv; siehe auch Theodore M. Porter, *The Rise of Statistical Thinking* 1820-1900, Princeton 1986, S. 19.

aufnehmen könne. Da die englische Krone das Land als eine europäische Großmacht etablieren wollte, kamen ihr die Zahlen und Überlegungen Pettys sehr gelegen.[30]

Der erste Essay zur *Political Arithmetick*, dem noch weitere unter dem gleichen Titel folgen sollten, enthielt zehn Schlussfolgerungen, die Petty aus seiner Datenanalyse zog. So behauptete er, der Reichtum und die Macht Englands hätten sich in den letzten vierzig Jahren stark vermehrt. Dies lag für ihn nicht nur an der Vergrößerung der kolonialen Territorien und deren wirtschaftlicher Nutzung, sondern auch an einer massiven Infrastrukturverbesserung auf den britischen Inseln, an Fortschritten in der Landwirtschaft sowie an der Ausweitung des Handels.[31] Als ein weiteres Indiz für gestiegenen Wohlstand führte Petty an, dass sich die Einkünfte des Staates in jenem Zeitraum verdreifacht hätten. Grundsätzlich, so seine These, könnten kleinere Länder ebenso mächtig und wohlhabend werden wie größere – falls es ihnen gelingt, durch eine richtige Politik Handel und wirtschaftliche Aktivität zu fördern. Daneben prophezeite Petty, dass sich durch ein verbessertes Steuersystem genügend Einnahmen generieren ließen, um eine starke Militärmacht zu finanzieren. Mehr Steuern könnten sogar zu mehr Wohlstand führen, anstatt ihn zu verringern.

Die Schlussfolgerungen Pettys waren ein Seitenhieb auf Frankreich. Frankreich, so Petty, könne England aufgrund seiner natürlichen und politischen Gegebenheiten auf keinen Fall als Seemacht übertrumpfen. Umgekehrt sei es England leicht möglich, mit Frankreich an Wohlstand und an Stärke gleichzuziehen. Würde die englische Krone eine zehnprozentige Steuer auf die Ausgaben der Englän-

30 Hull, *Economic Writings*, Band 1, S. xxx.
31 Ebd., S. 302f.

der erheben, könne sie hunderttausend Fußsoldaten, dreißigtausend Pferde und vierzigtausend Seeleute dauerhaft unterhalten und dabei sogar noch Rücklagen für unvorhersehbare Situationen bilden. Es seien sogar genügend Arbeitskräfte und Arbeitsplätze vorhanden, um das jährlich generierte Einkommen Englands um zwei Millionen Pfund zu erhöhen.

Die Schriften, die unter der Überschrift *Political Arithmetick* entstanden, waren Kampfansagen. Sie waren bewusst geschrieben, um der englischen Monarchie ihre Furcht und ihren Minderwertigkeitskomplex gegenüber einem erstarkten und scheinbar übermächtigen absolutistischen Frankreich zu nehmen. Petty wollte der Politik Mut machen und verdeutlichen, dass Englands Größe nichts im Wege stand. Aus den vorhandenen Daten wollte Petty empirisch beweisen, dass Großbritannien mehr Wohlstand und mehr Macht erlangen konnte.

Die Idee einer politischen Arithmetik enthielt politischen Sprengstoff – nicht wegen der Zahlen, sondern aufgrund der Interpretationen, Ableitungen und politischen Empfehlungen, die aus ihnen resultierten. Pettys Schriften zirkulierten zunächst nur in Regierungskreisen und galten als geheim. In Frankreich, wo sie dennoch bekannt wurden, sorgten die Thesen Pettys für erhebliche Irritationen. Das war wohl auch ein Grund dafür, dass sie zu Pettys Lebzeiten in England nicht veröffentlicht wurden. Erst nach dem Tod Pettys gab sein Sohn, Lord Shelborne, die Essays mit königlicher Billigung heraus (1690). Im Vorwort heißt es: »Hätte sich Frankreich nicht durch die Lehren dieses Essays beleidigt gefühlt, wären sie schon längst an das Licht der Öffentlichkeit gelangt und hätten nicht nur Nachahmer gefunden, sondern auch Verbesserungen erfahren, vielleicht sogar zum Vorteil der Menschheit.«[32] Lord Shelborne äußerte sich auch zur Neuartigkeit des methodischen Vorgehens seines Vaters:

> »Er nannte es politische Arithmetik insofern damit Dinge, die das Regieren und nichts Geringeres als den Ruhm des Regenten und das Glück und die Größe des Volkes betreffen, durch die gewöhnlichen Regeln der Arithmetik in eine Art Beweisführung gebracht werden. Es war ihm beschieden, der Erfinder dieser Unterweisungsmethode zu sein; bei der die wunderlichen und komplizierten Wege dieser Welt mithilfe eines einfachen Bereichs der Wissenschaft erklärt werden können.«[33]

Die politische Arithmetik war also mehr als bloßes Zahlenwerk. Sie konnte »zum Vorteil der Menschheit« eingesetzt werden und dabei nicht nur wirtschaftliche Zusammenhänge, sondern sogar die »wunderlichen und komplizierten Wege dieser Welt« sichtbar machen. Außerdem vermehrte die Methode den »Ruhm des Regenten« sowie das »Glück und die Größe des Volkes«, sie erlaubte es, militärische Macht einzuschätzen und internationale Vergleiche anzustellen. Die Rechnungen, die Petty in seiner *Political Arithmetick* vornahm, hatten weit über das Feld der Ökonomie hinausgehende Bedeutung. Bereits in der Schrift über die Sterbetabellen hatte Petty klargemacht, dass es Aufgabe der Regierung sei, durch eine Erhöhung der Gütermenge für *peace and plenty* zu sorgen. Seine Zahlen waren politische Handlungsanweisungen. Die politische Arithmetik beschrieb die Effekte des Regierungshandelns und zeigte auf, wo die Regierung aktiv werden musste.

An nüchternen Zahlen war Petty nicht interessiert. Handlungsleitend waren für ihn vor allem politische Ziel-

32 Ebd., S. 240.

33 Ebd., S. 239 f.; vgl. Studenski, *Income of Nations*, S. 29.

setzungen. Ein »recht sorgloser Umgang mit Zahlen« und »auch eine Neigung zur ungenauen Wiedergabe des vorhandenen Zahlenmaterials« kennzeichneten sein Vorgehen.[34] Oftmals proklamierte er Sachverhalte, die sich aufgrund der verfügbaren Daten eigentlich gar nicht zeigten; fehlende Zahlen ermittelte er, indem er sich zweifelhafter Annahmen bediente.

Obwohl Petty mit seinen Schriften nach eigenem Bekunden im Sinne Bacons nur das Wohl der Krone und des Landes befördern wollte, war er tatsächlich von seinem eigenen Vorteil geleitet. Seine Aussagen zur Besteuerungsmöglichkeit des Faktors Arbeit sollten seine eigene Klasse, die der Grundbesitzer, von weiteren steuerlichen Abgaben entlasten. Seine politische Arithmetik war eigennützig. Die Entdeckung des Faktors Arbeit war nicht das Resultat ergebnisoffenen Forschens, sondern ergab sich aus der Absicht, die wirtschaftliche Bedeutung der eigenen Klasse kleinzureden.[35]

Der Begriff der politischen Arithmetik war mehr als einhundert Jahre lang in Europa gebräuchlich. Gegen Ende des 18. Jahrhunderts wurde er durch den Begriff *Statistik* abgelöst. Gottfried Achenwall, ein in Göttingen lehrender Philosoph und Kameralist, benutzte ihn zum ersten Mal 1749, um das Sammeln und Auswerten von Daten zu beschreiben, die für den Staat von Bedeutung waren. Alles, was man für den Staat und über ihn wissen musste, gehörte zur Statistik.

Diese Statistik beinhaltete aber lediglich ein Aufbereiten und Sammeln von Daten und Informationen, mit denen sich der Staat ein möglichst umfassendes Bild über den Zu-

34 Schefold / O'Brien / Coats / Aspromourgos, *Vademecum*, S. 63.
35 Murphy, *Genesis of Macroeconomics*, S. 28.

stand des Landes machen sollte. Von dem Vorgehen Pettys unterschied sich dies in einem wichtigen Detail. Petty sammelte nicht nur Daten oder bereitete sie auf, er kombinierte sie vielmehr und gab ihnen so erst einen Sinn. Durch diese Kombination entwarf er einen eigenen methodischen Rahmen, mit dem er die wirtschaftliche Situation nicht nur präsentierte, sondern vor allem interpretierte und vorhersagen zu können glaubte. Auf diese Weise schuf er kein Abbild der Realität – seine Darstellungsweise schuf ihre eigene Realität. Er entwarf eine *calculative practice*, eine Berechnungsweise, die den Blick auf wirtschaftliche und soziale Vorgänge definierte und damit ganz bestimmte Eingriffe der öffentlichen Hand nachträglich rechtfertigte, aber auch zukünftige Handlungsempfehlungen geben konnte.[36]

In 200 Jahren nach Pettys Tod wurde kein Versuch mehr unternommen, das Einkommen eines Landes (oder das Volkseinkommen, wie es später hieß) so umfassend und prominent zu ermitteln, wie es Petty getan hatte, auch wenn in verschiedenen Staaten immer wieder das Volkseinkommen geschätzt wurde.[37] Trotz seines innovativen Vorgehens und seines hohen Anspruches konnte Petty mithilfe seiner eigenen politischen Arithmetik keine genauen Optionen für die Regierungstätigkeit aufzeigen. Pettys Zahlenmaterial galt schon seinen Zeitgenossen als nicht glaubwürdig genug.

36 Peter Miller, »Governing by Numbers: Why Calculative Practices Matter«, in: *Social Research* 68/2 (2001), S. 379-396.

37 Für eine detaillierte Darstellung der historischen Berechnungen vgl. Studenski, *The Income of Nations*. Die meisten dieser Schätzungen hatten im Gegensatz zu den Schriften Pettys jedoch wenig politischen Einfluss.

Petty und die Folgen: Nationalprodukt bei Adam Smith

Der schottische Moralphilosoph Adam Smith, der 1776 mit seinem *Inquiry into the Nature and Causes of the Wealth of Nations* die Ökonomie als eigenständige Wissenschaft begründete, war von der politischen Arithmetik nicht überzeugt. Den Namen Pettys würdigt er in seinem epochalen Werk mit keiner Silbe. Stattdessen schrieb er lapidar: »Ich habe kein großes Vertrauen in die politische Arithmetik.«[38]

Smith war nicht an der Kombination aktuellen Zahlenmaterials interessiert – auch wenn er in seiner Schrift oft auf Daten zurückgriff, um seine Thesen zu untermauern. Ihm lag zunächst und vor allem daran, eine umfassende und allgemeine Theorie wirtschaftlichen Fortschritts zu entwickeln und die Frage zu beantworten, wie und warum Länder zu Reichtum kamen. Dabei griff er auf die Idee eines Jahresprodukts (*annual produce*) zurück, ohne sie methodisch zu verfeinern oder genauer auf die Berechnungsgrundlage einzugehen oder gar, wie Petty, die Größe des Produkts tatsächlich zu berechnen. Seine Grundaussage allerdings war unmissverständlich: Je mehr Güter in einem Land produziert werden, desto besser.

Für Smith lag der Schlüssel zu höherer Produktion in einer sich immer weiter verfeinernden Arbeitsteilung. Im Bereich der Landwirtschaft sah Smith dafür kein Potential. Folglich kam es in seiner Logik im historischen Entwicklungsverlauf zu einer allmählichen Verschiebung der wirtschaftlichen Aktivitäten eines Landes von der Landwirtschaft zur Manufaktur, was einen zunehmenden Außenhandel nach sich ziehen musste. Von der Ausweitung

38 Adam Smith, *Wealth of Nations*, Band 2, London 1999 [1776], S. 114. – Die Smith-Zitate wurden vom Verfasser selbst ins Deutsche übertragen.

der Produktion und der Arbeitsteilung profitierten alle: »Es ist die große Vermehrung der Produktion, […] die in einer wohl-regierten Gesellschaft einen allseits spürbaren Überfluss (*universal opulence*) hervorbringt, der bis in die letzten Glieder der Gesellschaft reicht.«[39]

Dass es überhaupt zu wirtschaftlicher Entwicklung und Arbeitsteilung kam, war für Smith in der Natur des Menschen begründet. Er postulierte ein biologisches

> »Verlangen, unsere Lebensbedingungen zu verbessern. Ein Verlangen, das sich üblicherweise nur ruhig und leidenschaftslos bemerkbar macht, aber das uns in den Schoß gelegt wurde und uns niemals verlässt, bis wir zu Grabe getragen werden. In der gesamten Zeitspanne zwischen diesen beiden Momenten gibt es schwerlich einen einzigen Augenblick, in dem der Mensch so vollkommen zufrieden mit seiner Situation wäre, dass er nicht eine wie auch immer geartete Verbesserung wünschen würde.«[40]

Die Vergrößerung des eigenen materiellen Wohlstands bot den meisten Menschen die Möglichkeit, diesem Verlangen nachzugeben. Restlos befriedigt werden konnte es aber nie: Das Verlangen nach Verbesserung, nach immer höherem materiellem Wohlstand, war endlos.

Ein anderes Kennzeichen der menschlichen Natur sah Smith in der Neigung zum Tauschen und Handeln.[41] Beides, die Neigung zum Handeln sowie der Wunsch nach der individuellen Verbesserung des eigenen Loses, unterscheide den Menschen nicht nur von den Tieren, sondern ermögliche die notwendige Kooperation und Vernetzung untereinander, welche überhaupt erst ein Wirtschaftssystem entstehen lasse. Das Ergebnis von Tausch, Eigeninteresse und Arbeitsteilung war für Smith *a general plenty*, eine

39 Smith, *Wealth of Nations*, Band 1, S. 115.
40 Ebd., S. 441.
41 Ebd., S. 117.

allgemeine Wohlstandsvermehrung. Zwar werde es immer Unterschiede zwischen Arm und Reich geben, doch die Ausweitung der Produktion werde die bestehenden gesellschaftlichen Unterschiede zumindest in materieller Hinsicht verringern: »Die Behausung eines europäischen Prinzen ist von der Wohnstätte eines einfach lebenden Bauern nicht so weit unterschieden wie letztere von der eines afrikanischen Königs, dem absoluten Herrscher über das Leben und die Freiheit zehntausender nackter Wilder.«[42] Die wirtschaftliche Entwicklung war ein »natürlicher Fortschritt«, die Verbesserung der materiellen Lebensbedingungen durch die Produktion von immer mehr Gütern der »natürliche« Verlauf der Menschheitsgeschichte. In diesem Zusammenhang sprach Smith vom »Jahresprodukt« (*annual produce*) als dem Ertrag aus den Faktoren Boden und Arbeit.[43]

Dass Smith das Wort »natürlich« benutzte, hatte politische Gründe. Sein *Wohlstand der Nationen* war keine von politischen Erwägungen losgelöste Studie zur wirtschaftlichen Tätigkeit. Es war eine Attacke gegen den Merkantilismus, den Versuch des Staates, die Geschicke der Wirtschaft zu lenken und vor allem die Produktion zu reglementieren. Außerdem richtete sich die Schrift gegen die Physiokraten, die das Wohl eines Landes lediglich in der Ausweitung der Landwirtschaft sahen. Es war allerdings der Gründungsvater der Physiokratie, der Arzt François Quesnay, der mit seinem *Tableau Economique* im Jahre 1758 eine grundlegende Idee in die ökonomische Diskussion eingebracht hatte. Quesnay sprach nicht nur von der Kreislaufbeziehung der unterschiedlichen wirtschaftlichen Akteure, sondern auch von einem *produit net*, einem Nettoprodukt,

42 Ebd.
43 Ebd., S. 443.

das sich nach Abzug der Subsistenzkosten als zusätzlicher produzierter Wert bestimmen lasse.[44] Für Quesnay entstand dieses Nettoprodukt allerdings nur im landwirtschaftlichen Sektor und verteilte sich von dort auf die anderen Bereiche – eine Sichtweise, der Smith mit seiner Ausrichtung auf Güterproduktion entschieden widersprach.

Da materieller Fortschritt Smith zufolge ein Ergebnis der menschlichen Natur war, musste jeder staatliche Eingriff in die »natürlichen« Wirtschaftsabläufe die Zunahme des Wohlstands behindern. Ließe man die Menschen ihre Neigungen ausleben, so wäre das zum Vorteil aller. Hier hat die Idee der *unsichtbaren Hand* ihren Ursprung.[45] Wenn die Menschen selbst entscheiden dürften, wo sie ihre Vermögenswerte investierten (sofern sie reich genug sind, um investieren zu können), würden sie sich automatisch diejenigen Aktivitäten aussuchen, die nicht nur den höchsten Gewinn versprechen, sondern gleichzeitig den materiellen Wohlstand der Nation am meisten fördern.

In demjenigen Abschnitt des *Wealth of Nations*, in dem Smith von der Wirkungsweise der unsichtbaren Hand spricht, kommt auch der Begriff des *annual produce* wieder vor, den Smith mit dem des *annual revenue*, dem jährlichen Einkommen, gleichsetzt: Da jede Investition mit Blick auf eine Steigerung der Produktivität erfolge, trage jeder Investor zu einer Steigerung des *annual revenue* bei – die unsichtbare Hand sorge dafür, dass sich die Jahresproduktion und damit zugleich das Jahreseinkommen der Gesellschaft erhöhe. Gemäß der Arbeitswertlehre von Smith hat nämlich jedes Gut seinen *natürlichen Preis*; er entspricht den Anstrengungen, die für die Produktion des Gutes aufgewendet werden mussten, und be-

44 Vanoli, *History of National Accounting*, S. 12.
45 Smith, *Wealth of Nations*, Band 2, S. 32.

steht vor allem aus den Kosten des Faktors Arbeit, der in Form von Löhnen an die Arbeiter gezahlt wurde. Smith konnte so ohne weiteres davon ausgehen, dass das »jährliche Einkommen einer jeden Gesellschaft genau gleich dem Tauschwert der gesamten Produktion seiner Industrie« ist.[46] Wie bei Petty beruhte diese Einsicht auf dem Prinzip der doppelten Buchführung, wobei Smith allerdings stärker die Produktion im Auge hatte und nicht, wie Petty, den Konsum.

Obwohl Smith die Position vertrat, dass der Staat nicht direkt in das Wirtschaftsgeschehen eingreifen sollte, ergab sich aus seinen Ideen dennoch eine Lehre für den Staat. Politische Ökonomie war eine Staatswissenschaft. Dem Staat kam für Smith die Aufgabe zu, die natürlichen Entwicklungsprozesse zu unterstützen, indem er die Rahmenbedingungen optimierte, die Justiz und die Verteidigung organisierte sowie für ein gerechtes Steuersystem sorgte. Die politische Ökonomie sollte aufzeigen, wie ein höheres Einkommen erzielt und damit der Lebensunterhalt der Bevölkerung verbessert werden konnte. Zugleich hatte der Staat sicherzustellen, dass er genügend Einkünfte hatte, um seine Aufgaben erfüllen zu können. Das verstand Smith unter einer »wohlregierten Gesellschaft«. Wie für Petty sollte auch für Smith der Staat für *peace and plenty* sorgen, indem er die Voraussetzungen für eine Erhöhung der Produktion, des *annual produce*, schuf. Aber im Gegensatz zu Petty war es eben nicht die Interpretation der entsprechenden konkreten Zahlen des *annual produce*, die Smith zu seinen Schlussfolgerungen brachte. Entscheidend für Smith waren seine theoretischen Überlegungen.

Im Weltbild von Adam Smith hatte jeder Mensch einen

46 Ebd.

von Gott zugewiesenen Platz. Die sozialen Unterschiede einer Gesellschaft waren Teil einer göttlichen Ordnung, gegen die sich aufzulehnen sinnlos war. Smith hielt die Ungleichheit zwischen Reich und Arm für naturgegeben; nicht zuletzt darin zeigte sich für ihn das Wirken der unsichtbaren Hand: Erst die sozialen Unterschiede führten dazu, dass alle leben konnten, weil die Wohlhabenden durch ihren Konsum die Lebensgrundlage für die Armen sicherten. Steigender materieller Wohlstand war auch dazu geeignet, Ressentiments zu vermeiden und den sozialen Status quo zu festigen.[47]

Malthus und Marshall

Robert Malthus, der Ende des 18. Jahrhunderts mit seiner These zum Bevölkerungsprinzip bekannt geworden war, nach der die Nahrungsmittelproduktion der Erde nicht mit dem Bevölkerungswachstum Schritt halten könne und es somit unweigerlich immer wieder zu Hungersnöten und Elend kommen werde, hatte seit 1805 die erste englische Professur für politische Ökonomie inne. Malthus war überzeugt, mit seinem Lehrbuch *The Principles of Political Economy* (1820) ein Werk über die ökonomische Theorie vorgelegt zu haben, dem an Bedeutung nur das Adam Smiths gleichkam. Die zweite, posthum erschienene Auflage von 1836 enthielt einige wichtige methodische Überlegungen zum Volkseinkommen.[48] Auch Malthus berechnete das Volkseinkommen nicht selbst, aber er versuchte zu erklären, was bei einem solchen Vorhaben zu berück-

47 Adam Smith, *The Theory of Moral Sentiments*, Indianapolis 1976 [1759], S. 184ff.

48 Salim Rashid, »Malthus' Principles and British Economic Thought, 1820-1835«, in: *History of Political Economy* 13/1 (1981), S. 55-79.

sichtigen wäre. Dabei nutzte er noch keinen einheitlichen Begriff, sondern sprach je nachdem vom *national income*, *national wealth*, *national revenue* oder *national produce*.

Wie schon Adam Smith, beschränkte sich Malthus bei der Berechnung des Wohlstandes eines Landes auf die Menge an hergestellten materiellen Gütern. Der Grund dafür lag laut Malthus darin, dass sich der Wert dieser Güter im Gegensatz zu Dienstleistungen und anderen immateriellen Gütern genau bestimmen lasse: Ihr Wert entsprach dem Preis, den sie auf dem Markt erzielten. Zudem konnten nur materielle Güter akkumuliert werden. Weil er sich an ihrer Messbarkeit orientierte, engte Malthus den Rahmen der Güter ein, die zum Wohlstand eines Landes beitrugen. Alles, was nicht am Markt gehandelt wurde, fiel aus der Berechnung heraus.

Auch für Alfred Marshall, der die Idee des Volkseinkommens in seinen epochalen *Principles of Economics* von 1890 detailliert beschrieb, blieb das Kriterium der monetären Evaluierbarkeit entscheidend.[49] Allerdings berücksichtigte Marshall – anders als Malthus – auch immaterielle Güter und Dienstleistungen, sofern sie einen Marktpreis hatten. Mithilfe des in einem Land vorhandenen Kapitals und der vorhandenen Arbeit entstehe jährlich eine bestimmte Menge solcher Güter und Dienstleistungen. Wenn man die Einkommen aus Investitionen im Ausland dazurechnen und den beim Produktionsprozess anfallenden

49 Laut seiner Definition untersuchte die Ökonomie den Menschen in seinen tagtäglichen Angelegenheiten, vor allem »den Teil individuellen und sozialen Verhaltens, der am ehesten mit der Erreichung und dem Gebrauch der materiellen Voraussetzungen von Wohlbefinden (*well-being*) in Verbindung gebracht werden kann«. Ökonomie war die Untersuchung von Wohlstand (*wealth*), aber vor allem die Analyse menschlichen Verhaltens. Alfred Marshall, *Principles of Economics*, 8. Auflage, New York 2009 [1890], S. 1.

Kapitalverschleiß vom Wert der produzierten Güter und Dienstleistungen abziehen würde, ließe sich das jährliche Netto-Einkommen eines Landes bestimmen.[50] Da alles, was produziert wird, für den Konsum gedacht sei, könnten die Aggregate des Konsums in ihrem Wert denen der Produktion entsprechen. Konsum war negative Produktion.[51]

Für Marshall war die Ökonomie wie für Smith die Wissenschaft vom Wohlstand. Wohlstand ergab sich durch Güter, und Güter waren grundsätzlich alle Dinge, mit denen Menschen ihre Bedürfnisse befriedigen können und die sich in Geldeinheiten messen lassen.[52] Aber stärker als für Smith war für Marshall die Erhöhung der Gütermenge eine sozialpolitische Notwendigkeit. Die Ökonomie sollte dazu beitragen, die Soziale Frage zu lösen, das heißt, die Massenverelendung infolge der Industrialisierung zu lindern. Die Verbesserung der materiellen Lebensbedingungen durch Steigerung des Volkseinkommens war eine notwendige Bedingung für Armutsbekämpfung. Während bei Smith die Ausweitung der Gütermenge pro Jahr, das gesteigerte *annual produce*, auch den unteren Schichten pauschal und automatisch ein besseres materielles Leben versprach, war zu Zeiten Marshalls Armutsbekämpfung zum drängendsten innenpolitischen Problem geworden, zumal es seit 1834 mit dem *New Poor Law* keine staatlichen Transferleistungen mehr für Arme gab, die 1597 eingeführt worden waren.

50 Marshall benutzte sowohl den Begriff *national income* als auch *national dividend*.

51 Ebd., S. 434.

52 Ebd., S. 47.

Pigou und die Wohlfahrt

Der britische Ökonom Arthur Cecil Pigou, der Nachfolger von Marshall auf dessen Lehrstuhl in Cambridge, vertiefte die Thematik weiter. In seinem Werk *The Economics of Welfare* von 1920 spielt die Frage des Volkseinkommens eine herausragende Rolle. Das gesamte Buch, das in seiner vierten Auflage fast 900 Seiten umfasst, beschäftigt sich mit der Frage, welchen Einfluss das Volkseinkommen auf verschiedene Bereiche der Volkswirtschaft und auf die Gesamtwohlfahrt eines Landes hat.[53]

Wie Marshall machte Pigou sich Gedanken über die grundlegende Funktion der Ökonomie und auch darüber, wie man sie von anderen Wissenschaften abgrenzen könne. Was war das Besondere an ihr, was machte sie wichtiger als andere Disziplinen? Die Aufgabe der Ökonomie als Wissenschaft bestand für Pigou – ebenfalls in Übereinstimmung mit Marshall – darin, die gesellschaftliche Situation zu verbessern. Das Hauptmerkmal der Ökonomie musste es sein, praktische Maßnahmen zur Erhöhung der Wohlfahrt (*welfare*) zu identifizieren – dies der Begriff, den Pigou statt Wohlstand (*wealth*) nutzte.

Die Wohlfahrt war jedoch ein weites Feld. Auch wenn Pigou nicht genau angeben mochte, was er unter dem Begriff verstand, galt ihm als sicher, dass man Wohlfahrt in den Kategorien *Weniger* oder *Mehr* einteilen und einige Aspekte empirisch messen könnte, andere jedoch nicht. Das naheliegende Messinstrument im gesellschaftlichen Miteinander war für Pigou das Geld. Daher beschränkte auch er sich programmatisch »auf jenen Teil der sozialen Wohlfahrt, der direkt oder indirekt mit der Messlat-

53 Pigou benutzt für das Volkseinkommen den Begriff *national dividend*.

te des Geldes in Beziehung gesetzt werden kann«.[54] Den in Geld messbaren Teil der Wohlfahrt nannte Pigou *economic welfare*, wirtschaftliche Wohlfahrt. Es war ein Teilbereich der allgemeinen oder sozialen Wohlfahrt. Eine exakte Trennlinie zwischen den wirtschaftlichen und den nicht-wirtschaftlichen Bestandteilen der Wohlfahrt zu ziehen war nicht möglich. Aber durch die Fixierung auf Geld ließ sich das Untersuchungsgebiet der Ökonomie ausreichend genau eingrenzen. Die Gewissheit, dass die Gesamtwohlfahrt stieg, sobald die wirtschaftliche Wohlfahrt sich erhöhte, könne es zwar nicht geben, aber es bestehe, so Pigou, eine hohe Wahrscheinlichkeit, dass sich Veränderungen der wirtschaftlichen Wohlfahrt zumindest positiv auf die Gesamtwohlfahrt auswirken.[55]

Ökonomische Wohlfahrt und Volkseinkommen hingen für Pigou zusammen. Denn wirtschaftliche Aktivitäten würden nicht direkt die Wohlfahrt erhöhen, sondern nur durch die Entstehung und Verwendung des Volkseinkommens. Wirtschaftliche Wohlfahrt war daher mit der Messlatte des Geldes in der Form des Volkseinkommens messbar.[56] Und wenn das Volkseinkommen stieg, dann konnte man, bis zum Beweis des Gegenteils, davon ausgehen, dass sich auch die Gesamtwohlfahrt erhöhte.

Pigou war sehr bewusst, wie paradox die Methode zur Messung des Volkseinkommens war: »Wenn ein Mann seine Haushaltshilfe heiratet oder seine Köchin, verringert sich das Volkseinkommen«, bemerkte er trocken.[57]

54 Arthur Cecil Pigou, *The Economics of Welfare*, London 1932 [1920], S. 11.
55 Ebd., S. 12.
56 Ebd., S. 31.
57 Ebd., S. 33.

Die Idee des Volkseinkommens war in der Ökonomie von Anbeginn präsent und wurde über die Jahre immer weiter methodisch verfeinert. Aber es war eine Größe, der man lediglich eine theoretische und keine konkrete politische Bedeutung beimaß; man hielt es nicht für notwendig, das Volkseinkommen zu berechnen und zur Grundlage politischer Entscheidungen zu machen. Deshalb – und nicht nur, weil es an entsprechenden Daten fehlte – wurde das Volkseinkommen auch nicht im Regierungsauftrag ermittelt. An die Notwendigkeit eines Systems der politischen Arithmetik im Sinne Pettys glaubte bis weit ins 20. Jahrhundert hinein niemand, auch nicht die Ökonomen. Selbst die Vorstellung, dass die Ausweitung der Produktion einen Beitrag zum Wohlstand oder der Wohlfahrt und damit zur Lösung der Sozialen Frage leisten konnte, hielten einige Ökonomen für methodisch irrelevant. Ebenso wenig war sie ein Ziel direkter politischer Planungen. Der britische Ökonom Lionel Robbins beispielsweise veröffentlichte noch 1932 einen *Essay on the Nature and Significance of Economic Science*, in dem er die Rolle der Ökonomie als Wissenschaft deutete: Die Ökonomen sollten das menschliche Verhalten mit Blick auf die Entscheidung zwischen knappen Gütern untersuchen und modellieren. Die Auffassung, dass sie den Gründen für materiellen Wohlstand nachzugehen hätten, lehnte Robbins als unwissenschaftlich ab:[58] Mögliche politische oder sozialpolitische Auswirkungen auf das gesellschaftliche Leben lägen jenseits der Grenzen der Wirtschaftswissenschaften. Ein Begriff wie Wohlstand (*wealth*) habe in der ökonomischen Theorie nichts verloren: »Wir können Wohlstand nicht in physischen Größen messen, wie wir Nahrungsmittel nach ihrem Vitamin- oder

58 Lionel Robbins, *An Essay on the Nature and Significance of Economic Science*, London 1945 [1932].

Kaloriengehalt bestimmen können. Es ist ein relatives Konzept.«[59] Ähnliches galt in seinen Augen für das Volkseinkommen.

59 Ebd., S. 47.

3. Die Frustrationen des Colin Clark: England

Volkseinkommen und Verhütung

Der Engländer Colin Clark (1905-1989) ist einer der wichtigsten modernen Vordenker des BIP. Er ersann viele der noch heute üblichen Elemente der BIP-Erfassung, unternahm eigene Berechnungen des Volkseinkommens und verband diese mit zwei vorher noch völlig unbekannten Aspekten: erstens dem Konzept des Wachstums und der Wachstumsrate des Volkseinkommens als Maß des wirtschaftlichen Fortschritts und zweitens mit der Idee, das Volkseinkommen als Kennzahl für internationale Vergleiche zu verwenden. Clarks Überlegungen markieren eine entscheidende Weichenstellung für den Erfolg des Volkseinkommens als einer politisch relevanten Zahl. Sie veränderten unsere Vorstellung von Fortschritt und unseren Blick auf die Welt.

Im Jahre 1984 erschien im Auftrag der Weltbank eine Publikation mit den Biographien der zehn wichtigsten Pioniere der Entwicklungstheorie. Colin Clark war einer von ihnen. Ohne seine Arbeiten zur Volkseinkommensberechnung hätte es das Konzept der wirtschaftlichen Entwicklung und der Unterentwicklung, bei denen der Entwicklungsstand anhand des Pro-Kopf-Einkommens gemessen wird, nicht gegeben.[60]

William Petty war Clarks großes Vorbild. Clark wollte dessen Idee einer politischen Arithmetik den Erfordernissen der neuen Zeit anpassen. Zwar wurden seine Arbeiten zum Volkseinkommen nicht wie einst die von Petty

60 Gerald M. Meier/Dudley Seers, *Pioneers in Development*, Oxford 1984.

unter Verschluss gehalten. Aber Clark erfuhr bei weitem nicht die Unterstützung, die seiner Bedeutung für die Entwicklung der modernen BIP-Berechnung entsprochen hätte. Weder im politischen noch im akademischen Betrieb konnte sich Clark zu Lebzeiten mit seinen statistischen Konzepten durchsetzen. Seine Bitterkeit über den ausbleibenden beruflichen Erfolg und mangelnden politischen Einfluss brachte er zeitlebens klar zum Ausdruck.

Colin Clarks Vater James stammte aus Schottland und war 1878 nach Australien emigriert. Mit dem Export von Wolle und Fleisch reich geworden, kehrte er 1905 nach Großbritannien zurück, wo kurz darauf sein Sohn Colin geboren wurde. Nach einigen Jahren in London zog die Familie auf eine Farm bei Plymouth.[61]

Clark studierte Chemie in Oxford – an demselben College, an dem William Petty gelehrt hatte. Nach seinem Examen blieb er zunächst als Chemiker an der Universität. Aus Interesse und Neugier besuchte er regelmäßig Veranstaltungen einer Ökonomenvereinigung, die sich mit Fragen der Wirtschaftspolitik auseinandersetzte. Als Naturwissenschaftler stieß ihn jedoch die Art und Weise ab, mit der die Experten ökonomische Sachverhalte diskutierten. Die ökonomische Wissenschaft, die er dort erlebte, erschien ihm zu theoretisch, zu deduktiv, viel zu wenig empirisch und dem Untersuchungsgegenstand nicht angemessen. In seiner Freizeit machte sich Clark nach intensivem Studium der Schriften Pettys daran, selbst ökonomische Daten zu sammeln und aufzubereiten. Pettys Auffassung, dass nur Daten und Empirie Wissen schaffen können und

61 Angus Maddison, *Macromeasurement Before and after Colin Clark*, Colin Clark Lecture, Queensland 2004, S. 2. {http://www.ggdc.net/Maddison/articles/colin_clark.pdf} (Stand: Juni 2013).

dass sich staatliches Handeln auf eine Analyse der verfügbaren Zahlen stützen sollte, entsprach seinem Ideal von Wissenschaftlichkeit.

Mit seinen empirisch untermauerten Erklärungen der wirtschaftlichen Lage beeindruckte Clark nicht nur die Teilnehmer der Diskussionsrunde, sondern auch führende Ökonomen in Oxford. Sie ermunterten ihn, seine Studien zu vertiefen. Durch ihre Vermittlung wurde Clark wissenschaftlicher Assistent einiger der wichtigsten empirischen Forscher seiner Zeit. Unter anderem wirkte er gegen Ende der zwanziger Jahre an Studien zur sozioökonomischen Situation von London und Liverpool mit und kollaborierte mit William Beveridge, dem Vordenker des britischen Wohlfahrtsstaates.

1930 wurde Clark als wissenschaftlicher Mitarbeiter in den von der Labour-Regierung neu geschaffenen wirtschaftlichen Beratungszirkel (National Economic Advisory Council) berufen. Es war das erste Mal, dass sich eine britische Regierung von einem Expertengremium in Wirtschaftsfragen beraten ließ. Der sich verschärfenden Weltwirtschaftskrise wusste die Regierung nicht beizukommen, zumal man nicht verstand, was genau vor sich ging.

Unter den illustren Mitgliedern dieser Gruppe befanden sich die damals schon weltberühmten Ökonomen John Maynard Keynes und Arthur Pigou. Allerdings erwiesen sich die Politiker als beratungsresistent und hielten – allen Argumenten des Gremiums zum Trotz – an den üblichen wirtschaftspolitischen Ideen wie dem Protektionismus fest. »In der damaligen Regierung«, so Clark später rückblickend über seine Erfahrung im Beraterstab, »hätte man den Premierminister in ein Irrenhaus einweisen sollen, der Finanzminister war physisch nicht in der Lage, seinen Aufgaben nachzugehen, und der Wirtschaftsminister war ein Verbrecher.«[62] Die Diskussionen im Rat seien oft »verwirrt und sinnfrei« gewesen. Immerhin konnte Clark in diesem Rahmen einige seiner statistischen Arbeiten vorstellen und beeindruckte damit auch Keynes und Pigou nachhaltig. Dabei war Clark gerade erst fünfundzwanzig, besaß keinerlei ökonomische Ausbildung, nicht einmal einen Doktortitel. Aber in einer Zeit, in der man plötzlich nach Information und Daten gierte, die vorher nicht existierten, eilte Clark schnell der Ruf eines statistischen Wunderkindes voraus.[63]

Nachdem Clark enttäuscht den Beraterstab verlassen hatte, versuchte er mehrmals, für die Labour Party ins Parlament einzuziehen, und scheiterte kläglich. Pigou und Keynes, die beide in Cambridge lehrten, verschafften ihm dort eine Stelle als Assistenzprofessor für Statistik. Sie war weder gut bezahlt noch besonders prestigeträchtig. Dennoch blieb Clark von 1931 bis 1937 in Cambridge. Damit war er zur richtigen Zeit am richtigen Ort. Es waren die Jahre, in denen Keynes an seiner epochalen *General Theory* arbeitete und sich anschickte, die Wirtschaftswissenschaften zu revolutionieren. Clark versorgte auch Keynes mit statistischen Daten, die außer ihm niemand zu generieren vermochte. Er hatte bereits 1932 in seinem Buch *The National Income 1924-1931* eine konsistente Schätzung der Entwicklung des britischen Volkseinkommens der letzten Jahre vorgelegt und wegweisende methodische Überlegungen zur Erfassung und Definition des Volkseinkommens angestellt.[64] Keynes hielt auf diese Arbeit zwar

62 Ebd., S. 9.

63 George Peters, *Colin Clark (1905-89). Economist and Agricultural Economist*, QEH Working Paper Series, Working Paper No. 69, Oxford 2001, S. 2.

64 Colin Clark, *The National Income 1924-1931*, London 1932.

große Stücke, in seiner *General Theory* zitiert er sie jedoch nur ein einziges Mal.

Clark war mit seiner Situation unzufrieden. An der Universität kam er in der akademischen Hierarchie nicht weiter, mit seinen Vorstellungen von der Nützlichkeit der Volkseinkommensberechnung im Sinne einer modernen Petty'schen politischen Arithmetik fand er in der Politik kein Gehör, und seine eigenen politischen Ambitionen schienen unerfüllbar. Deshalb entschloss er sich 1937, sich von seinem Posten an der Universität beurlauben zu lassen und wie sein Vater sein Glück in Australien zu suchen. Dort wollte er seine Arbeiten zum Volkseinkommen weiter vorantreiben und gleichzeitig politisch aktiv sein. Kurz vor seiner Abreise erschien sein zweites Buch über die Theorie der Berechnung des Volkseinkommens, *National Income and Outlay*, in dem er seine methodischen Überlegungen weiter verfeinerte.[65]

In Australien fand Clark optimale Bedingungen vor. Fasziniert von den sozioökonomischen Gegebenheiten in Queensland, konnte er hier Politik und Wissenschaft miteinander verbinden. Mit nur etwas über einer Million Einwohner bei einer mit Bodenschätzen gesegneten Fläche von fast zwei Millionen Hektar schien das Land im Vergleich zu Großbritannien paradiesisch. Die Einkommensunterschiede waren gering, die Gewerkschaften stark, die Gesetzgebung arbeitnehmerfreundlich, und anders als in England gab es bereits ein funktionierendes System der sozialen Sicherung.

Als Clark 1938 der vakante Posten des wirtschaftlichen Beraters der Regierung von Queensland angeboten wurde,

65 Colin Clark, *National Income and Outlay*, London 1937.

gab er seine Stellung in Cambridge auf. Zwei Jahre später erschien *The Conditions of Economic Progress.*[66]

Auf dem Gebiet der Volkseinkommensstatistik galt Australien als methodisch besonders avanciert. Der Ingenieur Timothy Coghlan hatte im späten 19. Jahrhundert, fast unbemerkt vom Rest der Welt, eine Einkommensschätzung für die Provinz New South Wales vorgenommen.[67] Erstmals in der Geschichte der Volkseinkommensberechnung wurden diese in einem staatlichen statistischen Jahrbuch publiziert. Bis zur Jahrhundertwende war diese Einkommensstatistik auf alle Staaten Australiens ausgeweitet worden, wurde aber ab 1904 wieder eingestellt, da das politische Interesse an diesen Zahlen doch nicht nachhaltig geweckt worden war.[68]

Eine weitere Besonderheit Australiens war der Einfluss des Katholizismus auf die dortige Politik. In der Labour Party sowie der Regierung spielten Katholiken eine entscheidende Rolle. Colin Clark konvertierte zum Katholizismus. Ökonomie war für ihn nicht losgelöst von moralischen Überlegungen. Er befürwortete frühe Heirat, Kinderreichtum und landwirtschaftliche Selbstversorgung. Die ideale Gesellschaft war für Clark genossenschaftlich und dezentral organisiert. Die Menschen sollten auf dem Land leben, nicht in den in seinen Augen unmenschlichen Großstädten oder Metropolen.[69] Clark selbst ging mit gu-

66 Colin Clark, *The Conditions of Economic Progress*, London 1940.

67 Kendrick, »The Historical Development«, S. 304.

68 Studenski, *Income of Nations*, S. 136; Vanoli, *History of National Accounting*, S. 15.

69 Wissenschaftliche Anerkennung erhielt Clark über seinen Tod hinaus nicht für seine Berechnungen zum Volkseinkommen, sondern für seine Schriften zur Agrarökonomie. Sie galten lange Zeit als Standardwerke, beispielsweise Colin Clark / Margaret Haswell, *The Economics of Subsistence Agriculture*, London 1964.

tem Beispiel voran: Er erwarb ein Landgut bei Brisbane, betrieb Landwirtschaft, hielt Kühe und Schweine und kam der biblischen Forderung nach Fruchtbarkeit nach. Er zeugte acht Söhne.[70]

In seinen späten Jahren zeigte sich Clark als vehementer Anti-Neo-Malthusianer: Während die Überbevölkerung in den sechziger Jahren als eine der Hauptbedrohungen für das Überleben der Menschheit galt – 1968 beschwor Garrett Hardin in seinem einflussreichen Artikel »The Tragedy of the Commons« (»Die Tragik der Allmende«) das Schreckensbild eines überbevölkerten Planeten, das schon 150 Jahre zuvor Thomas Malthus gezeichnet hatte –, gab es für Clark kein Bevölkerungsproblem. Aus seiner Sicht könnte ein Anwachsen der Weltbevölkerung nicht dazu führen, dass deren Existenzgrundlage gefährdet wäre. Grund dafür war das potentielle Wachstum des Bruttosozialprodukts (das zu dieser Zeit bereits das Konzept des Volkseinkommens verdrängt hatte). Solange das Wirtschaftswachstum fortschreiten würde – und es gab für Clark keinen Zweifel, dass dies noch sehr, sehr lange möglich wäre –, könnte auch eine wachsende Weltbevölkerung ernährt werden. In seinem 1970 auf Deutsch erschienenen Buch *Die Welt wird nicht hungern. Programm zur Ernährung der Weltbevölkerung* machte Clark seine Position deutlich. Es ist sein wohl bekanntestes Werk.[71]

Mit seinen Thesen fand Clark in bestimmten Kreisen ein dankbares Publikum. Papst Paul VI. berief ihn 1964 als wirtschaftswissenschaftlichen Berater in die vatikanische Kommission zur Geburtenkontrolle. Sie beriet den Heili-

70 Maddison, *Macromeasurement*, S. 12.

71 Colin Clark, *Die Welt wird nicht hungern. Programm zur Ernährung der Weltbevölkerung*, Bergisch-Gladbach 1970 (im Original: *Population Growth and Land Use*, London 1967).

gen Stuhl bei der Abfassung der Enzyklika *Humanae Vitae*, die Katholiken den Gebrauch von Verhütungsmitteln untersagte. Clark trug maßgeblich dazu bei, dass das Verbot der Empfängnisverhütung nicht nur theologisch, sondern auch wirtschaftswissenschaftlich gerechtfertigt wurde. Als Ökonom hielt er die Empfängnisverhütung für unnötig, als Katholik lehnte er sie aus Glaubensgründen ab. Ohne seine Arbeiten zum Volkseinkommen und zum Bruttosozialprodukt hätte Clark wohl kaum zum Stichwortgeber der päpstlichen Kommission werden können.

Colin Clark war einer der letzten klassischen politischen Ökonomen. Wie bei den Vordenkern der politischen Arithmetik war es sein Ziel, dem Staat vernünftige, datengestützte Entscheidungsgrundlagen zu liefern. Zugleich jedoch hatte Clark eine klare moralische Vorstellung davon, was ein gutes Gemeinwesen auszeichne.

Oft wurde ihm vorgeworfen, seine Konversion habe seine wissenschaftliche Arbeit zu stark beeinflusst. Clark konterte dann meist, es sei nicht der Katholizismus gewesen, der ihn geprägt habe, sondern er habe im Katholizismus die meisten Übereinstimmungen mit seiner eigenen Überzeugung entdeckt. Aber es war wohl weniger seine extreme Hinwendung zum Katholizismus als sein Weggang aus England, mit dem sich Clark von den weiteren methodischen Diskussionen um das Volkseinkommen ausgeschlossen hatte.

Clarks Schriften zum Volkseinkommen

Als Clark sich 1932 im Alleingang daranmachte, mit seinem Buch *The National Income 1924-1931* die Methode der Volkseinkommensberechnung zu revolutionieren, lag die letzte Schätzung einige Zeit zurück: Seit 1924 war in Großbritannien keine Berechnung des Volkseinkommens mehr erfolgt. Da sie jedoch von der Verteilungsseite her erfolgt war und die Einkommensunterschiede zwischen den verschiedenen Gesellschaftsschichten zeigte, hatten die Arbeitgeberverbände die Veröffentlichung verhindert – sie fürchteten, die Zahlen könnten die Gewerkschaften dazu animieren, Lohnerhöhungen zu fordern.[72] Eine solche Zensur empfand Clark als skandalös.

Aus seiner Erfahrung als Regierungsberater wusste Clark, dass der Politik immer noch geeignete Daten zur Erklärung der wirtschaftlichen Lage fehlten. Er wollte nicht nur diese Zahlen liefern, sondern auch zeigen, wie nützlich eine *regelmäßige* Volkseinkommensberechnung wäre. Sein Buch war das Ergebnis seines jahrelangen, teils fieberhaften und manischen Suchens nach Daten, das bereits in frühen Oxforder Tagen begonnen hatte. Einen Auftrag für das Buch hatte Clark nicht. Er veröffentlichte es auf eigene Faust.

Ein derart ausführliches, mit Daten und Tabellen vollgepacktes Werk zum Volkseinkommen hatte es in Großbritannien noch nicht gegeben. Keine andere ökonomische Publikation beruhte so vollkommen auf Empirie wie das Buch Clarks. Es enthielt seitenlange Ausführungen, in denen Clark erklärte, wie er die Informationen, die er brauchte, aus den vorhandenen Daten ermittelt hatte beziehungsweise welche Annahmen er hatte treffen müssen, um an die gewünschten Zahlen zu kommen.

Clark lagen neueste Produktions- und Steuerschätzungen vor, die er zur Herleitung seiner Daten nutzte. Die Qualität der britischen Statistik erschien ihm jedoch un-

72 Colin Clark, »Development Economics: The Early Years«, in: Meier/Seers, *Pioneers in Development*, S. 59.

zureichend. Sein großes Verdienst bestand darin, dass er unermüdlich Zahlen aus allen möglichen Quellen zusammensuchte oder selbst kalkulierte. Bei seinen Berechnungen habe er sich gefühlt, als hätte er versucht, Lehmziegel ohne Stroh herzustellen. Er plädierte deshalb vehement für eine zentrale statistische Erfassung wirtschaftlicher Daten durch staatliche Stellen.

Das Volkseinkommen definierte Clark in Anlehnung an Marshall als die Summe des Marktpreises aller Güter und Dienstleistungen, die (unter Berücksichtigung der Vorleistungen) in einer bestimmten Periode zum Konsum zur Verfügung stehen. Ohne die Einbeziehung der Abschreibungen war das Volkseinkommen ein Bruttoeinkommen oder *gross income*.[73] Aufgrund dieser Ausführungen zum Bruttowert gilt Clark auch als der Erfinder des modernen Konzepts des Bruttosozialprodukts.

In seinem Buch setzte Clark eine entscheidende methodische Neuerung um. Er berechnete das Volkseinkommen auf die drei heute allgemein üblichen Arten, das heißt von der Produktions-, Verteilungs- und Ausgabenseite her. Seine drei Ergebnisse stimmten zwar nicht genau überein, aber das hatte Clark aufgrund der vorhandenen unsicheren Daten auch weder angenommen noch erwartet. Es ging ihm eher darum zu zeigen, dass das Volkseinkommen bei einer Berechnung von drei Seiten plausibler und glaubwürdiger werden konnte. Sollten die Ergebnisse zumindest in den Größenordnungen übereinstimmen, wären die Angaben zum Volkseinkommen weniger arbiträr, als das in der Vergangenheit der Fall gewesen war.[74]

Clarks genaueste Berechnung des Volkseinkommens

73 Clark, *The National Income*, S. 118.

74 Ebd., S. vi.

war die von der Einkommensseite. Hier konnte er sich auf Steuerdaten und Lohnstatistiken stützen. Die vorhandenen Daten zur Produktion und Verteilung hingegen reichten für eine genaue Ermittlung des Volkseinkommens nicht aus.[75] So blieb die Berechnung des Volkseinkommens auch methodisch eine Einkommensrechnung; die Höhe der Produktion konnte lediglich geschätzt werden. Aus den Daten des Jahres 1924 extrapolierte Clark die Entwicklungen bis zum Jahr 1931.

Eine weitere Neuerung bestand darin, dass Clark seine Ergebnisse nutzte, um im letzten Kapitel seines Buches darzulegen, wie sich bestimmte makroökonomische Parameter in den Jahren 1924 bis 1931 verändert hatten. Anscheinend war es anhand von Daten möglich, sich ein Bild davon zu machen, wie sich der Konsum, das Sparverhalten, die Größe der aktiven Bevölkerung und andere Indikatoren entwickelten. Aussagekräftige Berechnungen dazu hatte es vorher nicht gegeben.

Clarks Vorgehen war für die weitere Entwicklung der Wirtschaftsstatistik wegweisend. Indem er Zahlen kombinierte, zeigte er, »wie man mit Statistik spielen konnte: wie durch die Anwendung von ein wenig spekulativer Arithmetik sichere statistische Daten mit Daten gemischt werden konnten, die alles andere als sicher waren und so Schlussfolgerungen ermöglichten, die größte Wichtigkeit in der Lösung wirtschaftlicher Probleme hatten. Er regte an, wirtschaftliche Aggregate zu schätzen.«[76] Außer Clark nahm in den dreißiger Jahren kein britischer For-

75 Ebd., S. 83.

76 Alec Cairncross, »The Development of Economic Statistics as an Influence on Theory and Policy«, in: Duncan Ironmonger/J.O.N. Perkins/Tran Van Hoa (Hg.), *National Income and Economic Progress. Essays in Honour of Colin Clark*, London 1988: S. 11-20.

scher Schätzungen zum Volkseinkommen vor. Im Vorwort zu *National Income and Outlay* (1937) klagte er, bereits sichtlich verbittert, über die mangelnde finanzielle und personelle Unterstützung. Wenn die Ökonomie das Los der Menschheit verbessern solle, müsse man die zur Forschung bereitstehenden Ressourcen aufstocken – und zwar für Forschung, die sich mit Daten und deren Analyse befasse, nicht für theoretische Spekulationen.[77]

Schon das Wort *outlay* (Ausgaben) im Titel seines neuen Buches wies darauf hin, dass es Clark nicht mehr nur um die Erfassung des Einkommens ging, sondern auch darum, was die Menschen ausgaben. Neben den Neuberechnungen des Volkseinkommens enthielt *National Income and Outlay* auch den Versuch, die Entwicklung des Volkseinkommens seit dem Anfang des 19. Jahrhunderts zu schätzen und dabei die Entwicklung des Volkseinkommens langfristig aufzuzeigen. Dabei berechnete Clark auf innovative Weise das Volkseinkommen quartalsweise und berücksichtigte saisonale Schwankungen. Zugleich stellte er ein eigenes Maß für den Fortschritt vor: die Veränderungsrate des Pro-Kopf-Einkommens der aktiven Bevölkerung. In den vergangenen achtzig Jahren hatte es in Großbritannien einen größeren wirtschaftlichen Fortschritt gegeben als in den vierhundert Jahren zuvor. Durch eine Berechnung des Pro-Kopf-Einkommens konnte man die Veränderungsrate genau belegen und auch die Phasen identifizieren, in denen aufgrund widriger wirtschaftlicher Rahmenbedingungen Einkommenseinbußen zu verzeichnen waren. Darüber hinaus zeigten die aufbereiteten Daten, dass sich selbst dort, wo die Akkumulation von Kapital und das Investitionsvolumen zurückgegangen waren, Produktivitätssteigerun-

77 Clark, *National Income and Outlay*, S. vii.

gen und damit Einkommenserhöhungen ergeben hatten. Dies widersprach der damals gängigen Auffassung, nach der die Akkumulation von Kapital ursächlich für wirtschaftlichen Fortschritt war.

In dem 1939 erschienenen kleinen Band *A Critique of Russian Statistics* setzt sich Clark mit der Methode und der Qualität der sowjetischen Statistik auseinander, die im frühen 20. Jahrhundert als besonders hoch entwickelt galt.[78] Er berechnete das sowjetische Volkseinkommen neu, indem er seine eigene Methode anwendete und dabei für die Bewertung der einzelnen Güter englische Preise zugrunde legte. Die staatlich reglementierten Preise in der Sowjetunion ließen für Clark keine aussagekräftigen Analysen zu.[79]

Auch hier gab Clark wieder eine einfache Definition des Volkseinkommens, die sich an der Produktion orientierte: »Das einzige gültige und komplette Maß des wirtschaftlichen Fortschritts ist die Zahl des Volkseinkommens – laut Definition der Wert der Güter und Dienstleistungen, die in einem Jahr hergestellt wurden und die zum Verbrauch

78 Colin Clark, *A Critique of Russian Statistics*, London 1939.

79 Clark stellte bei seinen Analysen fest, dass die ländlichen Gebiete der Sowjetunion relativ überbevölkert waren. Eine Steigerung der Bevölkerung um 25 Prozent in nur zehn Jahren war laut Clark der Grund für die meisten ökonomischen Probleme Russlands. Das Gespenst der malthusianischen Überbevölkerung – für Russland galt es. Einer moralischen Wertung konnte sich Clark nicht enthalten. »Ein Land«, so Clark, »mit unfruchtbaren Böden, aber dafür umso fruchtbareren Ehebetten, in denen der Teufel noch wütet, unbehelligt durch die Marx'sche Dialektik.« (S. 51) Aufgrund der Entwicklungen in den letzten Jahren seiner Untersuchung, den frühen dreißiger Jahren, schöpfte Clark jedoch Hoffnung. Die Industrieproduktion Russlands war gestiegen und absorbierte die Arbeitskraft aus dem landwirtschaftlichen Sektor, während das Pro-Kopf-Einkommen nach seinen Berechnungen steigen konnte. »Der malthusianische Teufel wird in die Ecke getrieben« (S. 69), wie es Clark ausdrückte.

oder für Investitionen zur Verfügung stehen.«[80] Nur dieser Wert, so Clark, könne ein genaues Bild der gesamten Wirtschaft vermitteln.

Die Conditions of Economic Progress

Das wichtigste Werk Clarks ist zweifellos *The Conditions of Economic Progress* von 1940. Ausgehend von Smiths *Wealth of Nations* wollte Clark die Bedingungen ermitteln, die erfüllt sein müssen, damit wir »auf den höchsten Grad an wirtschaftlichem Fortschritt hoffen können«.[81] Er tat dies, indem er alle weltweit verfügbaren Volkseinkommensdaten sammelte, auswertete und verglich. Es war eine Herkulesaufgabe. »In einem Zeitalter der Rechenschieber und mechanischer Additionsmaschinen«[82] arbeitete er vier Jahre lang daran.

Das Buch stand unter einem Motto Francis Bacons, womit Clark erneut seine Nähe zu Petty unterstrich: »Es kann nicht sein, dass Axiome, die aus Argumenten entstanden sind, ausreichen, um neue Dinge zu entdecken. Die Subtilität der Natur übersteigt die Subtilität der Argumente um ein Vielfaches.«[83]

Clark war noch immer höchst unzufrieden mit den Ökonomen: Nicht einmal jeder hundertste von ihnen verstehe, was es heiße, wissenschaftlich zu arbeiten, schimpfte er. Wissenschaft beruhe auf der Systematisierung aller beobachtbaren Fakten, aus denen Hypothesen abgeleitet werden müssen, die wiederum durch Fakten zu überprüfen sind. Das theoretisierende Vorgehen der Ökonomen

80 Ebd., S. 2.
81 Clark, *Conditions of Economic Progress*, S. vii.
82 Maddison, *Macromeasurement*, S. 14 f.
83 Clark, *Conditions of Economic Progress*, Titelblatt.

fand Clark »lachhaft, wenn es nicht tragisch wäre«.[84] Mit William Petty sei die Ökonomie zu einer Wissenschaft geworden. Seit Smith hingegen habe sie eine falsche Richtung eingeschlagen. Für Clark lag auf der Hand, wie dies zu korrigieren war – durch eine Rückbesinnung auf den Erfinder der politischen Arithmetik.[85] Nur das wäre der Menschheit dienlich: »Es gibt nur Platz für zwei oder drei theoretisch arbeitende Ökonomen in jeder Generation, nicht mehr. Nur Männer mit transzendentalen Kräften des Vernunftgebrauchs können Kandidaten für diese Stelle sein. Die übrigen von uns sollten ökonomische Statistiker sein, zufrieden damit, Stein um Stein zum Bau einer Struktur organisierten Wissens beizutragen.«[86]

Folgerichtig nahm die Ökonomie für Clark eine klare Position innerhalb der Hierarchie der Wissenschaften ein. Zwar könne sie durchaus bestimmte Disziplinen dominieren, aber die Ökonomen müssten sich der Tatsache bewusst sein, dass ihr Fach der Politikwissenschaft untergeordnet sei. Erst das jeweilige politische System erlaube es einem Gemeinwesen zu wirtschaften.[87] Auch Pettys Idee der politischen Arithmetik fußte auf dem Grundgedanken, dass die Politik das Feld ist, dem die Ökonomie zuzuarbeiten habe.

In der Wirtschaft gehe es, so Clark, ausschließlich um Dinge, die man kaufen und verkaufen kann. Wirtschaftlicher Fortschritt, ein höheres Volkseinkommen bedeuteten eine Verbesserung der ökonomischen Wohlfahrt im Sinne Pigous. Ganz offensichtlich könne dieses Wohlfahrtsmaß nicht alle Aspekte von Wohlfahrt und Wohlergehen abde-

84 Ebd., S. viii.
85 Ebd., S. x.
86 Ebd., S. viii; vgl. auch Maddison, *Macromeasurement*, S. 16.
87 Clark, *Conditions of Economic Progress*, S. 2.

cken und schon gar nicht das, was dem Leben ansonsten Wert verleihe.[88] Das Berechnen und Vergleichen des Volkseinkommens sei als messbarer Indikator durchaus nützlich. Allerdings würden die numerischen Fakten nur dann an Wert gewinnen, wenn man sie im Zeitverlauf miteinander und mit den Daten anderer Länder in Beziehung setze. Dies war die Begründung für Clarks damals noch völlig unübliche internationale Volkseinkommensvergleiche.[89]

Um die internationale Vergleichbarkeit der unterschiedlichen Volkseinkommensdaten herzustellen, bediente Clark sich eines innovativen Tricks. Er konstruierte eine auf der Theorie der Kaufkraftparitäten basierende internationale Währungseinheit, den *International Unit* (IU), Vorläufer des heutigen Kaufkraftparitätenwechselkurses oder *Purchasing Power Parity* (PPP).[90] Den Wert eines IU definierte Clark als »die Menge an Gütern und Dienstleistungen, die man mit einem Dollar in den USA im Zeitraum 1925-1934 durchschnittlich erwerben konnte«.[91]

Bei seinem Vergleich der Länder nach ihren Volkseinkommensdaten kam Clark zu einem erschreckenden Ergebnis. In Zahlen ausgedrückt erschien die Diskrepanz noch weit dramatischer als angenommen: »Die Welt ist

88 Ebd., S. 1.

89 Laut Kendrick, »The Historical Development«, S. 302, wurde 1884 in England in M. G. Mulhall's *Dictionary of Statistics* bereits ein ähnlicher Vergleich unternommen, allerdings beschränkt auf 18 Länder. Auch dabei war versucht worden, eine einheitliche Währung zugrunde zu legen und Pro-Kopf-Zahlen auszuweisen.

90 Internationale Vergleiche der unterschiedlichen Pro-Kopf-Einkommen oder Bruttoinlandsprodukte beruhen heute meist auf dem PPP-Wechselkurs. Er wird aufgrund eines Preisvergleichs ermittelt, für den ein internationaler Warenkorb angesetzt wird. Diese Wechselkurse erlauben es, Aussagen über die unterschiedliche wirtschaftliche Leistungsfähigkeit im direkten Ländervergleich zu machen.

91 Clark, *Conditions of Economic Progress*, S. 41.

ein erbärmlich armer Ort.«[92] Vier Länder – die Vereinigten Staaten, Großbritannien, Frankreich und Deutschland – produzierten bei einem Anteil von 13 Prozent an der Weltbevölkerung fast die Hälfte des weltweiten Einkommens. Die Vereinigten Staaten und Kanada waren vierzehnmal so reich wie die ärmsten Teile der Welt.[93] »Ein Zeitalter der Fülle wird noch lange auf sich warten lassen«, so Clarks Fazit.[94]

Dass die Wohlstandsunterschiede in der Welt so groß waren, empfand Clark als »überraschend« – mit derart immensen Unterschieden habe wohl kaum jemand gerechnet.[95] Als extrem arm galten laut Clark Länder mit einem Pro-Kopf-Einkommen der arbeitenden (aktiven) Bevölkerung von weniger als 200 IU im Jahr – in den Vereinigten Staaten betrug es 1400 IU. Von solcher Armut war mehr als die Hälfte der Weltbevölkerung betroffen. In den meisten Gebieten der Erde schien ein Überleben kaum möglich. Dass sich nur wenige Jahre später die Auffassung durchsetzte, Entwicklungshilfe sei unverzichtbar, lag auch an dem dramatischen Bild, das die Zahlen Clarks vermittelten.[96]

Darüber hinaus zeigten Clarks Analysen, dass sich die Beschäftigungsstruktur eines Landes im Zuge seiner wirtschaftlichen Entwicklung vom Landwirtschafts- über den Produktions- hin zum Dienstleistungssektor verschob. Vom Anteil der jeweiligen Sektoren an der Entstehung des Volkseinkommens konnte man demnach auf den jeweiligen Entwicklungsstand eines Landes schließen. Die Dynamik dieses Drei-Sektoren-Modells nannte Clark das *Ge-*

92 Ebd., S. 2.
93 Ebd., S. 53.
94 Ebd., S. 4.
95 Ebd., S. 29.
96 H. W. Arndt, »Colin Clark«, in: Ironmonger/Perkins/Tran, *National Income*, S. 1-9, hier S. 2.

setz von Petty. In seiner politischen Arithmetik hatte dieser bereits ein ähnliches Entwicklungsmuster angedeutet.

Mit dem Wechsel der arbeitenden Bevölkerung vom primären Sektor in die anderen Sektoren war dieser Logik zufolge eine Erhöhung des Pro-Kopf-Einkommens möglich. Ein malthusianisches Szenario der dauerhaften Armut (in dem viele Menschen am Existenzminimum vegetieren müssten) wurde damit immer unwahrscheinlicher. Die größte Herausforderung für die Länder der Welt bestand für Clark darin, die Produktionskapazitäten zu erhöhen. Im Übergang zu immer mehr Produktion im sekundären und tertiären Sektor, in der Ausweitung der Produktion von Gütern und Dienstleistungen sah er das Kennzeichen wirtschaftlichen Fortschritts. Ein solches Wirtschaftswachstum wäre der sichere Weg zu einem Wohlstand, der ein Ende der Armut verhieß – wie bereits klassische Ökonomen in der Vergangenheit, allerdings aufgrund von theoretischen Überlegungen, argumentiert hatten.

Trotz seiner methodischen Innovationen und Erkenntnisse wurde Clark auch mit diesem Buch wenig Ruhm zuteil. Das lag nicht zuletzt an der erschlagenden Fülle von statistischen Daten, die Clark auf den mehr als 700 Seiten präsentierte. Oft ließ er die Zahlen für sich sprechen, so dass man ihm vorwarf, er stütze seine Ausführungen nicht auf eine konsistente Theorie bzw. er habe gar keine eigene Theorie anzubieten. Aus Sicht seiner Kritiker hatte Clark die Quantität der Daten allzu oft mit deren Qualität verwechselt.[97] Angus Maddison schrieb dazu:

> »Colin Clark war ein Einzelgänger, der vor Ideen sprühte und der in den *Conditions of Economic Progress* mit einer unglaublichen Menge an Material hantierte. Er präsentierte dem Leser eine Mas-

97 Arndt, »Colin Clark«, S. 4.

se an Primärquellen, deren analytische Relevanz sich nicht immer klar offenbarte. Er nutzte hunderte von Tabellen, aber in den ersten beiden Auflagen war keine einzige nummeriert, viele hatten keine Überschriften, und die Länder waren nicht alphabetisch geordnet [...]. Seine Quellenangaben waren oft inadäquat, ohne Daten oder Titel. Das gilt allerdings nicht für die früheren Arbeiten zum Nationaleinkommen [...]. Die unordentliche Präsentation seines *opus magnum* und die Schwierigkeit, es zu verdauen, sind die Hauptgründe dafür, dass seine Rolle in der Geschichte der Makromessung manchmal unterschätzt wird [...]. Hätte er sich etwas mehr auf bestimmte Aspekte konzentriert und weniger ungeduldig so viele unterschiedliche Themen behandelt, wäre sein Einfluss noch größer gewesen.«[98]

Der Einfluss der Volkseinkommensberechnung auf die britische Politik

Bis 1940 wurden international kaum statistisch aggregierte Größen erhoben. Statistiken, auch Wirtschaftsstatistiken, waren vorhanden, aber weder miteinander verbunden noch aufeinander abgestimmt und wurden meist unsystematisch erfasst.[99]

Die britische Regierung sah trotz der Publikationen Clarks zunächst keine Notwendigkeit, das Volkseinkommen berechnen zu lassen oder bei Regierungsentscheidungen zu berücksichtigen. Clark blieb ein »Rufer in der Wüste«.[100] Dies lag nicht nur daran, dass er den britischen Inseln den Rücken gekehrt hatte. Entscheidend war auch das traditionelle Desinteresse der britischen Ökonomen an empirischer Forschung. Obwohl er in den Untersuchun-

98 Maddison, *Macromeasurement*, S. 27.

99 Cairncross, »The Development«, S. 12.

100 Don Patinkin, »Keynes and Econometrics: On the Interaction Between the Macroeconomic Revolutions of the Interwar Period«, in: *Econometrica* 44/6 (1976), S. 1091-1123, hier S. 1109.

gen Clarks ein großes Potential erkannte, war beispielsweise Keynes in Bezug auf die Qualität dieser statistischen Ausarbeitungen äußerst kritisch und tat bis Kriegsbeginn nichts, um die Regierung vom Sinn und der Notwendigkeit einer statistischen Erfassung des Volkseinkommens zu überzeugen.

In der *General Theory* (1936) hatte Keynes noch davon gesprochen, die Kalkulation des Volkseinkommens diene lediglich dazu, eine »historische Neugier zu befriedigen«.[101] Die Vorstellung, dass solche Berechnungen politisch oder analytisch sinnvoll sein könnten, lag ihm damals noch fern. Auch Lionel Robbins fand – wenn auch aus ganz anderen Gründen – die Berechnung des Volkseinkommens bedeutungslos.[102] Diesem Aggregat komme lediglich eine *conventional significance* zu. Es spiegle keine Fakten der Realität wider, sondern sei lediglich aufgrund der eigenen Definition und arbiträrer Annahmen entstanden. Zwar sei es nicht sinnlos, solche Statistiken zu erheben, aber man müsse sich über die Konventionen im Klaren sein, auf denen sie beruhen, und dürfe die berechneten Größen nicht mit der Wirklichkeit verwechseln.

Keynes' kritische Haltung änderte sich schlagartig mit Beginn des Zweiten Weltkriegs und der Notwendigkeit, kontinuierlich aktuelle Daten über den Zustand der Wirtschaft zu erhalten. Der Zweite Weltkrieg ist die wahre »Geburtsstunde der Volkswirtschaftlichen Gesamtrechnungen«,[103] die eine »statistische Revolution« einleitete.[104]

101 John Maynard Keynes, *The General Theory of Employment, Interest and Money*, London: 1973 [1936], S. 40.
102 Robbins, *An Essay*, S, ix f.
103 Vanoli, *History of National Accounting*, S. 20.
104 Patinkin, »Keynes and Econometrics«.

Bei Kriegsausbruch hielt Keynes es für unabdingbar, dass die Regierung eine Kalkulationsbasis erhielt, mit der sie die für die Kriegsausgaben verfügbaren Mittel berechnen konnte. Dabei ging es ihm um die Schätzung einer realistischen Steuerbasis. Wie viel Geld konnte mit Steuern generiert werden? Sein Finanzierungsplan, den er 1940 in einem Pamphlet mit dem Titel *How to Pay for the War* vorlegte, beruhte auf einer höheren Besteuerung und auf Zwangssparen. Nicht durch freiwillige Zahlungen sollte der Krieg finanziert werden, sondern durch das Einfrieren von Sozialleistungen und durch höhere Abgaben. Zugleich sollte eine Inflation vermieden werden.

Keynes wollte wissen, wie groß der Kuchen wäre, der nach Abzug der Kriegsausgaben für den zivilen Konsum übrig bliebe.[105] Dazu musste er vor allem den potentiellen industriellen Output abschätzen, der bei Nutzung aller vorhandenen Ressourcen realisiert werden könnte. Das bedeutete, dass dem Staat – wie es für die revolutionären Thesen Keynes' charakteristisch war – eine zentrale Rolle zukommen musste. Damit wich Keynes fundamental von der Position ab, die Colin Clark bei seinen Berechnungen eingenommen hatte. In der Logik der Volkseinkommensberechnung Clarks war ein Fokus auf die Ausgaben des Staates nicht vorgesehen. Staatsausgaben waren für Clark kein Endprodukt. Für Keynes dagegen waren sie in Krisenzeiten ein wichtiges wirtschaftspolitisches Instrument. In *How to Pay for the War* schlug er daher eine andere Definition des Volkseinkommens vor, in das neben dem privaten Konsum und den Investitionen auch die Staatsausgaben einfließen sollten.[106] Die so gewonnene Zahl be-

105 John Maynard Keynes, *How to Pay for the War*, London 1940, S. 13.
106 Ebd., S. 79.

zeichnete Keynes als besteuerbares Einkommen, als *taxable income*.

Im zweiten Buch der *General Theory* fand sich bereits eine Definition und Verbindung bestimmter makroökonomischer Aggregate. Sie lautete:

> »Einkommen = Wert des Outputs = Konsum + Investitionen.
> Sparen = Einkommen – Konsum.
> Somit Sparen = Investitionen.«[107]

Keynes war bewusst, dass ein in sich stimmiges und aufeinander abgestimmtes System von Konten, in denen wichtige wirtschaftliche Aggregate erfasst werden, seine theoretischen Überlegungen empirisch untermauern und dazu beitragen könnte, seine Interpretation der Funktionsweise der Wirtschaft als Standard zu etablieren. Auch deswegen war es ihm ein Anliegen, die Volkseinkommensberechnung so zu justieren, dass sie seine Theorie stützte.

Auf der Grundlage seiner eigenen Vorstellungen ließ Keynes zusammen mit seinem Mitarbeiter Erwin Rothbarth Schätzungen des Volkseinkommens erstellen. Rothbarth, der in der Neukalibrierung der Volkseinkommensrechnung mit Keynes völlig übereinstimmte und dessen Vertrauen genoss, kam aus Deutschland, hatte an der London School of Economics Wirtschaftswissenschaften studiert und arbeitete als wissenschaftlicher Mitarbeiter in Cambridge. Nach einer kurzen Internierung im Sommer 1940 meldete er sich freiwillig zur britischen Armee. Er fiel 1944.[108]

107 Keynes, *General Theory*, S. 63.

108 Benjamin Mitra-Kahn, *Redefining the Economy: A History of Economics and National Accounting*, unveröffentlichte Dissertation, London

Bereits 1939 publizierten Keynes und Rothbarth einen Artikel im *Economic Journal*, in dem sie sich kritisch mit der Berechnungsmethodik Clarks auseinandersetzten und erklärten, weshalb der wirtschaftspolitische Fokus in Zukunft auf dem steuerlich relevanten Einkommen liegen solle, nicht auf den für den Privatsektor zur Verfügung stehenden Einkommen. Da sich dieses Einkommen aus der Produktion von Gütern und Dienstleistungen generierte, gehörten Staatsausgaben dazu.[109] Außerdem schienen Clarks Berechnungen Keynes nicht brauchbar genug. Die Statistiken, die Clark verwendet habe, seien mangelhaft: »Es gibt heute niemanden, in und außerhalb staatlicher Einrichtungen, der nicht hauptsächlich auf die brillanten privaten Bemühungen Colin Clarks angewiesen ist [...]. Aber durch das Fehlen von Daten [...] konnte er selbst oft nicht anders als lediglich mutige Schätzungen abgeben.«[110] Mit seinen methodischen Anpassungen glaubte Keynes die Unzulänglichkeiten Clarks überwunden zu haben.

Die britische Regierung musste freilich erst für die Bedeutung, die solche Berechnungen haben, sensibilisiert werden. »Jede Regierung seit dem letzten Krieg war unwissenschaftlich und verschleiernd und empfand das Sammeln wichtiger Daten als eine Geldverschwendung«,[111] hatte Keynes in *How to Pay for the War* geschrieben. Neben ihm war es vor allem der Ökonom Austin Robinson – Berater im War Cabinet Office, später Professor in Cambridge und

2009, S. 211. {http://mitrakahn.files.wordpress.com/2011/11/mitrakahn-autumn-2011-final.pdf} (Stand: Juni 2013).

109 Erwin Rothbarth, »Income and Fiscal Potentials of Great Britain«, in: *The Economic Journal* 49/196 (1939), S. 626-639, S. 627.

110 Keynes, *How to Pay*, S. 13; vgl. Patinkin, »Keynes and Econometrics«, S. 1115.

111 Keynes, *How to Pay*, S. 13.

wie Keynes Mitherausgeber des *Economic Journal* –, der dafür sorgte, dass sich das änderte. Nach der Lektüre von *How to Pay for the War* drängte Robinson im War Cabinet darauf, zur Planung der Kriegsaktivitäten eine Volkseinkommensschätzung nach der neuen, keynesianischen Methode durchführen zu lassen. Dazu wurden im Finanzministerium zwei Mitarbeiter eingestellt: James Meade und Richard Stone.[112]

Stone (1913-1991) war ein Schüler Clarks und hatte nach dessen Weggang aus England die Berechnungsmethodik seines Lehrers weiterentwickelt. Meade (1907-1995) hatte bereits beim Völkerbund an internationalen Einkommensstatistiken gearbeitet, auch wenn diese lediglich informativen Charakter hatten. Er war mit der keynesianischen Theorie bestens vertraut, während Stone zunächst noch stark von den Ideen seines Lehrers geprägt war. Stone war aber auch einer der wenigen, die bereits die Schriften Simon Kuznets und die amerikanische Diskussion über die Methodik der Volkseinkommensberechnung kannten. Im Ministerium lagen Meades und Stones Büros nur wenige Schritte von Keynes' Zimmer entfernt, der zu dieser Zeit ebenfalls dort als Berater tätig war. Keynes überwachte die Arbeit der beiden genau und stimmte jeden Schritt mit ihnen ab.[113]

Meade und Stone gelten als diejenigen, die die Ideen und Ansätze Clarks systematisierten und dafür sorgten, dass sich mit dem System of National Accounts langfristig ein international gültiger Methodenrahmen für die Volkswirtschaftlichen Gesamtrechnungen durchsetzte. Der später in den Adelsstand erhobene Stone wurde dafür 1984

112 Mitra-Kahn, *Redefining the Economy*, S. 216.

113 Ron Harrod, *The Life of John Maynard Keynes*, New York 1982 [1951], S. 503.

mit dem Wirtschaftsnobelpreis ausgezeichnet. Allerdings war Keynes aktiv an der Durchsetzung einer Methode der Volkseinkommensberechnung beteiligt, die seine in der *General Theory* dargestellte innere Logik kurzfristiger wirtschaftlicher Entwicklungen abbildete, und anschließend sorgte er dafür, dass seine Schüler an wichtigen politischen Schaltstellen platziert wurden.

Da Keynes bereits 1946 starb und sich das Kontensystem von Meade und Stone erst in den Folgejahren allgemein durchsetzte, wird sein direkter persönlicher Einfluss auf die Definition des Volkseinkommens und auf dessen Berechnungsmethode oft unterschätzt. Dabei ist das System der Volkswirtschaftlichen Gesamtrechnungen vielleicht der größte und nachhaltigste Erfolg von Keynes.

Im April 1941 legten Meade und Stone pünktlich zu den Budgetverhandlungen der Regierung das Weißbuch mit dem Titel *Analysis of the Sources of War Finance and Estimate of the National Income and Expenditure in 1938 and 1940* vor. Die Zahlen waren, wie schon bei Clark oder Petty, nicht einfache Zusammenstellungen erfolgter wirtschaftlicher Transaktionen, sondern das Ergebnis von Kombinationen und enthielten Schätzungen. Manche Angaben hatten die Autoren nur machen können, indem sie sie als Restgrößen ermittelten. Aufgrund der damit verbundenen Unsicherheit war die offizielle Publikation der Berechnungen für eine Regierungsbehörde politisch riskant und historisch einmalig. Es war dem Druck und dem Einfluss von Keynes zu verdanken, dass die Skepsis gegenüber dieser Methode, Zahlen zu produzieren, bei der Regierung nicht überwog.

Das Buch von Meade und Stone gilt als Übergang von der einfachen statistischen Erfassung des Volkseinkommens hin zu zusammenhängenden und interdependenten Volkswirtschaftlichen Gesamtrechnungen.[114] Clark hatte dazu den Grundstock gelegt. Was jedoch fehlte, war ein konsistentes Kontensystem, das die einzelnen Untersuchungsfelder Clarks miteinander verzahnte. Dieses Kontensystem lieferten Meade und Stone, wobei sie die Definition von Keynes und Rothbarth zugrunde legten.

Das Ineinandergreifen verschiedener Konten wurde zum zentralen methodischen Ansatz der modernen Volkswirtschaftlichen Gesamtrechnungen. Das System sollte so aufgebaut sein, dass die wichtigsten Informationen sichtbar werden und gleichzeitig ein »maximum amount of statistical cross-checking« möglich wäre:[115] Die ermittelten Aggregate konnten durch Querverweise auf unterschiedliche Erfassungsebenen und Konten überprüft werden. Die von Clark eingeführte dreifache Berechnungslogik behielten Mead und Stone bei: Die Einkommensverteilung, die Produktion und die Ausgaben wurden separat erfasst, und die jeweiligen Ergebnisse sollten miteinander übereinstimmen. Dies war für Meade und Stone eine definitorische Vorgabe.

Meade und Stone stellten ihren Ansatz in einem Artikel im *Economic Journal* vor, der kurz nach dem Weißbuch erschien.[116] Schon mit dem Titel »The Construction of Tables of National Income, Expenditure, Savings and Investment« machten die Autoren deutlich, was durch ihr Konten- und Erfassungssystem möglich geworden war: methodisch

114 Angus Deaton, »John Richard Nicholas Stone 1913-1991«, in: *Proceedings of the British Academy* 65 (2002), S. 475-492.

115 James Meade / Richard Stone, »The Construction of Tables of National Income, Expenditure, Savings and Investment«, in: *Economic Journal* 51 / 202-203 (1941), S. 216-233, S. 216.

116 Ebd.

konsistente, nachvollziehbare und plausible Berechnungen aggregierter Größen wie Volkseinkommen, Ausgaben, Sparaufkommen und Investitionen.

Ein wichtiger Unterschied zu der zeitgleich entwickelten amerikanischen Methode zur Erfassung des Volkseinkommens bestand darin, dass Faktorkosten angesetzt wurden. Man erhält sie, indem man vom Marktpreis indirekte Steuern abzieht und die Subventionen addiert. Dieser Wert entspricht dem Einkommen, das die Produktionsfaktoren (beispielsweise Arbeit) konkret als Lohn enthalten.[117] Bei der Fokussierung auf die Faktorkosten spielen Überlegungen zur Produktivität eine größere Rolle.[118] Laut Keynes lieferte das Ansetzen der Faktorkosten ein genaueres Abbild der wirtschaftlichen Situation – Marktpreise dagegen wirkten eher ablenkend. Außerdem richtete die keynesianische Theorie im Gegensatz zu früheren Theorien das Hauptaugenmerk auf die Faktoren, die die Nachfrage auf den Gütermärkten bestimmen. Eine Betrachtung der Faktorkosten unterstrich diesen Nachfragefokus.

Mit ihrem System verbanden Meade und Stone zwei verschiedene Ansprüche: Zum einen ging es um die genauere und besser nachvollziehbare Darstellung ökonomischer Vorgänge und Zusammenhänge, zum anderen drückte sich in diesem Berechnungssystem der Wunsch aus, durch eine universelle Akzeptanz des Kontensystems eine internationale Vergleichbarkeit der aggregierten Größen möglich zu machen.[119]

Meade und Stone waren sich der Außergewöhnlichkeit ihrer Leistung bewusst. Sie waren dabei, nicht nur ei-

117 Ebd., S. 218.

118 Moshe Syrquin, *GDP as a Measure of Economic Welfare*, International Center for Economic Research Working Paper No. 3, Turin 2011.

119 Meade / Stone, »The Construction«, S. 216.

ne bestimmte Berechnungsweise politisch zu verankern, sondern parallel dazu eine bestimmte Interpretation wirtschaftlicher Vorgänge zu prämieren. Stone schrieb nach dem Erscheinen des Weißbuches: »Es war ein großer Tag. Wir tranken abends Champagner und fühlten, dass wir Großes erreicht hatten.«[120]

Mit der Publikation des Weißbuches wurde die Verantwortung für die Berechnung des Volkseinkommens dem neu gegründeten Central Statistical Office (CSO) übertragen, dessen Leitung Richard Stone übernahm. Auch hier hatte Keynes seine Finger im Spiel.[121]

Erst jetzt konnte in Großbritannien ein genaues Abbild der Funktionszusammenhänge der Wirtschaft erstellt werden. Solange die entsprechenden Daten fehlten, war eine Planung der Kriegsproduktion kaum möglich gewesen. Nun wurden vierteljährlich Bulletins produziert, aus denen man ersehen konnte, in welcher Situation sich die arbeitende Bevölkerung befand, ob die Expansion der Rüstungsindustrie zu Engpässen in anderen wichtigen Wirtschaftsbereichen geführt hatte und wie sich die Lagerbestände entwickelten. Der Regierung, so schien es, konnte ein Gesamtbild der Wirtschaftsabläufe gezeigt werden. Vorher wussten diejenigen in den Planungsstellen, die beispielsweise mit der Produktion von Flugzeugen beschäftigt waren, nicht einmal, wie viele Propeller hergestellt wurden.[122]

Durch die Ideen von Keynes erhielt die Erfassung des Volkseinkommens eine theoretische Basis, die sie bislang

120 Y. Kurubayashi, »Keynes' *How to Pay for the War* and its Influence on Post-War National Accounting«, in: Zoltan Kenessey (Hg.), *The Accounts of Nations*, Amsterdam 1994, S. 93-108.

121 Mitra-Kahn, *Redefining the Economy*, S. 224.

122 Cairncross »The Development«, S. 15.

nicht hatte. Vorher war das Volkseinkommen das Ergebnis einer empirischen Forschung, die explizit ohne theoretischen Überbau auskommen wollte.[123] Mit der Übernahme jener Ideen wurde nicht nur die Erfassung des Einkommens wichtig, sondern auch die damit zusammenhängenden wirtschaftlichen Aggregate, denen Keynes eine herausgehobene Bedeutung zugesprochen hatte. Dies betraf insbesondere die Investitionen, denen eine Schlüsselwirkung bei der Entstehung des Volkseinkommens zukam, das Einkommen selber sowie die Staatsausgaben als wichtige Handlungsoption des Staates.

Die Volkswirtschaftlichen Gesamtrechnungen von Meade and Stone waren im Clark'schen und Petty'schen Sinne beste politische Arithmetik. In diesem System aber kam dem Volkseinkommen selbst oder dessen Steigerungsrate keine alles entscheidende Bedeutung zu. Es gab keinen einzelnen Wert, auf den alle Elemente bezogen gewesen wären. Vielmehr entstand durch das Kontensystem ein Gesamteindruck der Wirtschaft, auch wenn er in einigen wenigen Aggregaten ausgedrückt und zusammengefasst wurde. Bei der Idee des Volkseinkommens lag der politische Fokus auf den generierten Einkommen (der Steuerbasis), weniger auf der Produktion. Eine einzelne mächtige Zahl konnte sich aus diesem System und der Logik, der es folgte, nicht herausbilden. In Amerika verlief die Entwicklung anders.

123 Vanoli, *History of National Accounting*, S. 19.

4. Simon Kuznets und die Politik des Bruttosozialprodukts: die Vereinigten Staaten

Empirie und Vorsicht

Im Falle der USA erkannte der Staat selbst, dass Statistiken zur Volkseinkommensberechnung nützlich sind. Eine herausragende Rolle spielte dabei Simon Kuznets. Nachdem er mit seinen Arbeiten den Siegeszug der politischen Arithmetik beschleunigt hatte, überwarf er sich mit den staatlichen Institutionen, die für die Volkseinkommensberechnung zuständig waren. Das Scheitern Simon Kuznets' sorgte aber erst dafür, dass sich das Konzept des Bruttosozialprodukts in Amerika politisch durchsetzen konnte. Der Übergang vom Volkseinkommen zum Bruttosozialprodukt hing damit zusammen, dass Kuznets für seine eigenen Vorstellungen schließlich keine politische Unterstützung mehr fand.

Kuznets erhielt 1971 den Nobelpreis für Wirtschaftswissenschaften – allerdings nicht wie Richard Stone für seine Arbeiten zum Volkseinkommen, sondern für seine Forschungen zum Phänomen des Wirtschaftswachstums. Ein Gebiet, auf dem sich Kuznets' hervortat, war das der Forschungen zur Ungleichheit. In seinem berühmtesten Artikel »Economic Growth and Income Inequality« aus dem Jahr 1955 untersuchte er, wie sich die Einkommensungleichheit in Zeiten wirtschaftlichen Wachstums entwickeln könnte.[124] Dabei zeigte er anhand historischer Daten aus England, den Vereinigten Staaten und Deutschland, dass die Einkommensungleichheit mit steigendem Wachs-

124 Simon Kuznets, »Economic Growth and Income Inequality«, in: *American Economic Review* 45/1 (1955), S. 1–28.

tum erst zunahm und sich später wieder verringerte. Kuznets fragte, ob sich diese Beobachtung auch in den Entwicklungsländern machen ließe, die seit den 1950er Jahren alle wirtschaftspolitischen Bemühungen daransetzten, ein höheres Wachstum zu erzielen. Der von Kuznets aufgezeigte Zusammenhang ließ sich graphisch darstellen. Als *Kuznets-Kurve* ist er in den Wirtschaftswissenschaften zu einem ehernen Gesetz geworden, dessen Gültigkeit wie kaum eine andere Hypothese immer wieder von Forschern überprüft wird.[125]

Kennzeichnend für Kuznets war seine Ausrichtung auf Empirie. Nicht ohne Grund wurde er als *exemplar economic empiricist of the century* bezeichnet.[126] Wie für Colin Clark waren für Kuznets die Erhebung und genaue Analyse von Zahlen vorrangig. Erst auf dieser Basis sei es möglich, die theoretischen Fundamente des Beobachteten zu identifizieren und zu beschreiben.

Simon Kuznets wurde im Jahr 1901 in Pinsk, im zaristischen Russland als Sohn eines Kürschners geboren. Während des Ersten Weltkriegs floh die Familie nach Charkiw in der Ukraine, wo er das Gymnasium besuchte und Ökonomie zu studieren begann. Zum damaligen Zeitpunkt war die russische Statistik weltweit führend und die russische Wirtschaftslehre viel stärker als in anderen Teilen der Welt empirisch ausgerichtet. Nach der Schließung der Universität während des russischen Bürgerkriegs wurde Kuznets von den Bolschewisten mit der Leitung einer Abteilung im

125 H. W. Arndt, »The Trickle-Down Myth«, in: *Economic Development and Cultural Change* 32/1 (1983), S. 1-10.

126 Vibha Kapuria-Foreman/Mark Perlman, »An Economic Historian's Economist: Remembering Simon Kuznets«, in: *The Economic Journal* 105/433 (1995), S. 1524-1547, hier S. 1524.

Amt für Arbeitsstatistik betraut. Bald darauf wanderte die Familie Kuznets nach Amerika aus, wo Simon an der Columbia Universität in New York studierte.

Die empirische Sozialforschung erlebte damals in den Vereinigten Staaten eine Hochphase. Grund dafür war ein immer stärker werdender Optimismus, die Sozialwissenschaften auf ein empirisches und *wissenschaftliches* Fundament stellen zu können, um mit ihrer Hilfe die drängenden politischen und sozialen Probleme der Zeit zu lösen. Immer mehr philanthropische Stiftungen finanzierten empirische Forschung. Bereits 1916 hatte Robert S. Brookings das Institute for Government Research (IGR) gegründet, aus dem 1927 die Brookings Institution hervorgehen sollte; in New York entstand 1920 das National Bureau of Economic Research (NBER) und 1923 der Social Science Research Council.[127] Damit sollte eine von ideologischen Vorannahmen unabhängige Forschung gefördert werden. Das Ziel war eine auf Empirie gestützte Grundlagenforschung, die für politisches Handeln relevant sein und eine Verbesserung der sozialen Lage ermöglichen sollte. Seit 1929 arbeitete Kuznets beim NBER, an dem hauptsächlich zur Theorie der Konjunkturzyklen geforscht wurde.

Kuznets hatte sich wissenschaftlich zunächst mit der damals durch den russischen Wirtschaftswissenschaftler Nikolai Kondratieff angestoßenen Erforschung *langer Wellen* wirtschaftlicher Entwicklung befasst und unternahm eigene Analysen der historischen Konjunkturzyklen Amerikas.[128] Dabei kam er zu dem überraschenden Ergebnis,

127 Malcolm Rutherford, »Who's afraid of Arthur Burns? The NBER and the Foundations«, in: *Journal of the History of Economic Thought* 27/2 (2005) S. 109-139, hier S. 111.

128 Nikolai Kondratieff, »Die langen Wellen der Konjunktur«, in: *Archiv für Sozialwissenschaft und Sozialpolitik* 56/3 (1926), S. 573-609.

dass die langen Zyklen, die Kondratieff beschrieben hatte, gar nicht existierten.

Durch diese Analyse hatte Kuznets sich nicht nur einen Namen als Empiriker gemacht, sondern auch als ein Forscher, der sich auf den Umgang mit Daten verstand, die man für die Analyse des Volkseinkommens und des Nationalproduktes gebrauchen konnte. Daher war es nicht überraschend, dass man innerhalb des NBER auf Kuznets zuging, als in den frühen dreißiger Jahren ein Spezialist für Volkseinkommensberechnung gesucht wurde. Mit dem NBER blieb Kuznets bis in die 1950er Jahre verbunden.

1930 wurde Kuznets an die Universität von Pennsylvania berufen und blieb dort bis 1954. Nach einem Aufenthalt an der Johns Hopkins Universität verbrachte er die Jahre 1960 bis 1971 in Harvard. Zu seinen Schülern zählte nicht nur Milton Gilbert, von dem noch zu hören sein wird, sondern vor allem auch Milton Friedman, dessen eigene empirische Studien später maßgeblich dazu beitrugen, den Keynesianismus als dominante Wirtschaftslehre abzulösen.

Seine Ansichten zum Volkseinkommen stellte Kuznets in den Publikationen *National Income, 1929-32* von 1934, *National Income and Capital Formation, 1919-35* von 1937, *National Income and Its Composition, 1919-38* von 1941, *National Product, War and Prewar* von 1944 und *National Product in Wartime* von 1945 dar. Entscheidend war jedoch der Beitrag »National Income«, den Kuznets 1933 in der *Encyclopedia of the Social Sciences* veröffentlichte. Dieser Lexikonartikel prägte zusammen mit der in staatlichem Auftrag entstandenen Studie *National Income, 1929-32* lange Jahre die Methodendiskussion der Volkseinkommensberechnung in Amerika. Beide Texte galten als Standardreferenz. Später wurde die staatliche Erfassung des Volkseinkommens dem Department of Commerce übertragen, das sich sukzessive von den Ansätzen Kuznets' entfernte und dem britischen System annäherte.

1942 trat Kuznets dem Planungskomitee des War Production Board bei, einer Einheit, die kurz zuvor von Präsident Roosevelt gegründet worden war und die Rüstungsproduktion sowie das damit verbundene Angebot von Ressourcen verwalten sollte. Dabei ging es vor allem darum, die Produktion von Rüstungsgütern zentral zu planen. Das War Production Board analysierte die verschiedenen Bereiche der Volkswirtschaft detailliert. Dazu gehörte vor allem eine Erfassung von Daten zum Volkseinkommen.

Kurz nach dem Zweiten Weltkrieg versuchte Kuznets, für die chinesische Regierung Chiang Kai-sheks in Nanking ein System der Volkswirtschaftlichen Gesamtrechnungen zu entwickeln. Danach wandte er sich endgültig vom Thema Volkseinkommen ab und beschäftigte sich stärker mit den Determinanten des Wachstums. Ebenso wie Colin Clark verband Kuznets seine Untersuchungen zum Wachstum mit Überlegungen zur Bevölkerungsentwicklung. In verschiedenen Essays argumentierte er, dass gerade das Bevölkerungswachstum zu einem größeren Output beitragen könne, weil es den technologischen Wandel erleichtere. Und wie Clark ging Kuznets davon aus, dass es möglich wäre, eine steigende Weltbevölkerung zu ernähren, ohne dass sich gleichzeitig der Lebensstandard verringern müsste.

Kuznets gehörte zu jener die amerikanischen Wirtschaftswissenschaften des 20. Jahrhunderts prägenden Generation von Forschern, die aus Europa stammten, extreme politische Wirren miterlebt hatten und oft auch aufgrund ihrer Religionszugehörigkeit verfolgt worden waren. Sie hatten in ihrer Jugend eine umfassende bürgerliche Bildung erhalten, bewegten sich früh in unterschiedlichen kulturellen, sprachlichen und politischen Räumen und waren aufgrund ihrer Erfahrung mit den totalitären Ideologien skeptisch gegenüber simplifizierenden Welterklärungsversuchen geworden. Sie ließen sich nicht vor den Karren einer bestimmten Bewegung spannen, sondern bewahrten sich einen Blick für Komplexität und historische Kontexte.[129]

Kuznets' Arbeiten kennzeichnet eine extreme Sensibilität gegenüber der Qualität der benutzen Daten und ein Widerwille, aus statistischen Beobachtungen vorschnell Gesetzmäßigkeiten abzuleiten.[130] In seinem erwähnten Aufsatz über den Zusammenhang von Wachstum und Ungleichheit, dessen Komplexität meist auf die sogenannte Kuznets-Kurve reduziert wird, beschrieb er eindrucksvoll die Notwendigkeit, bei der Analyse sozioökonomischer Gegebenheiten neben den ökonomischen und empirischen auch die politischen Rahmenbedingungen zu untersuchen. »Es ist unausweichlich, dass wir uns auf solche Felder wagen, die nicht mehr Teil dessen sind, was man als Ökonomie betrachtet«, schrieb er.[131] Die Ökonomie sollte nicht länger eine Wissenschaft sein, die nur Marktprozesse untersucht. Kuznets vertrat eine politische und soziale Ökonomie.

Der Nachteil eines solchen Ansatzes bestand darin,

129 Zu dieser Generation gehörten neben Kuznets beispielsweise Ökonomen wie Alexander Gerschenkron, Albert O. Hirschman, aber auch Joseph Schumpeter.

130 Angus Maddison, *Contours of the World Economy and the Art of Macro-Measurement 1500-2001*, Ruggles Lecture, IARIW General Conference, Cork 2004, S. 10. {http://www.ggdc.net/Maddison/articles/ruggles.pdf} (Stand: Juni 2013).

131 Kuznets, »Economic Growth and Income Inequality«, S. 28.

dass er sich nicht für einfache und abstrakte Modelle eignete und keine klaren technokratischen Konzepte und Stichworte liefern konnte, auf deren Grundlage kurzfristiges politisches Handeln möglich war. Das gilt auch für Kuznets' Ausführungen zum Volkseinkommen. Mit seiner Haltung zur empirischen Forschung und zur Ökonomie konnte Kuznets keine brauchbare politische Arithmetik der Volkseinkommensberechnung vorlegen – das hätte seinem Selbstverständnis nicht entsprochen. Im Gegensatz zu Clark wollte er auch kein System produzieren, das dem Staat klare Handlungsanweisungen gab und seine Macht vermehrte. Das Volkseinkommen bzw. das Bruttosozialprodukt konnte sich erst dann als politisch mächtige Zahl durchsetzen, als die Schüler von Kuznets in seinem Ansatz die Möglichkeit entdeckten, die Politik zu beeinflussen. Sie warfen die Skepsis ihres Lehrers über Bord und ließen die Komplexität seiner Überlegungen außer Acht.

Trotz höchster akademischer Weihen hatte es Kuznets schwer, sich in seinem Wissenschaftsfeld zu behaupten. In ihrem biographischen Artikel von 1995 stellten Vibha Kapuria-Foreman und Mark Perlman fest, dass es unter Ökonomen ein »tiefes Unwissen« über Kuznets und seine Arbeit gebe.[132] Das war teilweise schon zu Kuznets' Lebzeiten so. Kurz bevor er die Ehrendoktorwürde der Universität Princeton verliehen bekam, traf er auf den prominenten Ökonomen Jacob Viner. Als Viner von der bevorstehenden Verleihung hörte, fragte er Kuznets überrascht: »Simon, wofür eigentlich?«[133]

132 Kapuria-Foreman/Perlman, »An Economic Historian's«, S. 1525.
133 Ebd., S. 1545.

Volkseinkommen und Große Depression

In den 1920er Jahren war das Volkseinkommen der Vereinigten Staaten bereits durch Mitarbeiter des NBER berechnet worden. Eine Schätzung für die Jahre 1909-1919 lag seit 1921 beziehungsweise 1922 vor. 1926 wurde eine Volkseinkommensschätzung durch eine Bundesbehörde, die Federal Trade Commission, angefertigt. Dabei blieb es jedoch vorerst, da die Mittel für die weitere statistische Arbeit der Behörde gekürzt wurden. In der öffentlichen Wahrnehmung und in den politischen Debatten spielte das Konzept des Volkseinkommens, wie sonst in der Welt auch, keine Rolle.

1931 war die wirtschaftliche Situation der Vereinigten Staaten dramatisch. Seit zwei Jahren verschlimmerte sich die wirtschaftliche Depression. Fast jeder vierte amerikanische Arbeiter stand auf der Straße, Teilzeit- oder Kurzarbeit waren die Regel. Das Bankensystem lag in Trümmern, eine Deflation bremste die wirtschaftliche Expansion, und der Rückgang des privaten Konsums bedrohte die Existenz vieler Unternehmen. Im landwirtschaftlichen Sektor, von dem damals noch ein Viertel aller Amerikaner lebten, waren die Einkommen um die Hälfte gefallen. Aber was genau seit 1929 in und mit der Wirtschaft des Landes passiert war, wusste niemand.[134] Auch in den USA fehlten verlässliche Daten zur Beschreibung der wirtschaftlichen Gesamtlage.[135] Die existierenden Daten bezogen sich überwiegend auf relativ weit zurückliegende Jahre. Schlussfol-

134 Rosemary Marcuss / Richard E. Kane, »U.S. National Income and Product Statistics. Born of the Great Depression and World War II«, in: *Survey of Current Business* 87/2 (2007), S. 32-46, hier S. 32.

135 Carol Carson, »The History of the United States National Income and Product Accounts: The Development of an Analytical Tool«, in: *Review of Income and Wealth* 21 (1975), S. 153-183, hier S. 156.

gerungen für die aktuelle wirtschaftliche Situation konnten daraus nicht gezogen werden. Einige Politiker sahen dringenden Handlungsbedarf.

Auf Betreiben des Senators Robert M. La Follette jr. aus Wisconsin setzte der Senat eine Untersuchungskommission ein, die sich ein Bild der Lage machen sollte. Es wurden hochrangige Repräsentanten der Eisenbahn-, Automobil- und Stahlindustrie, Vertreter von Banken und Universitäten und andere Experten eingeladen, darunter der Leiter der Forschungsabteilung im Department of Commerce, Frederic Dewhurst. Eindrücklich beschrieb Dewhurst die desolate Lage der Statistik.[136] Zwar publizierte das Handelsministerium Tausende von Tabellen und Indizes zu einer Vielzahl von Gütern und Industriezweigen, zu Produktion und Handel, aber es existierten keine Informationen zur Entwicklung der Einkommen oder der Konsumausgaben der Privathaushalte, ebenso wenig wie zum Sparen, zu Investitionen oder zur Steigerung der Lebenshaltungskosten und der Preise. Dewhurst aber verbreitete die Gewissheit, dass es möglich wäre, die fehlenden Daten zu bekommen und in Form eines zusammenhängenden Systems auszuwerten. Dies weckte das Interesse des Komitees:

> »Senator Sheppard: ›Ich frage, ob es sinnvoll wäre ein komplettes Bild der wirtschaftlichen Situation zu erhalten, das der Regierung und den Menschen im Land nützt?‹ Mr. Dewhurst: ›Meines Erachtens wäre das höchst wünschenswert. Darf ich ergänzen, dass ein Statistiker insofern befangen ist, als er immer mehr Statistiken will. Statistiker sind niemals zufrieden. Aber ich bin immer wieder bestürzt, wie viele Anfragen an das Department of Commerce herangetragen werden, auf die wir antworten müssen, dass wir es

136 US Senate, *Establishment of National Economic Council. Hearings on S. 6215 (71st Congress)*, Washington 1932, S. 566-587.

nicht wissen. Wir müssen so oft zugeben, dass wir es nicht wissen, und sofern wir das beurteilen können, weiß es auch kein anderer.‹«[137]

Im Juni 1932 wurde daraufhin die *Resolution 220* (*Estimates of National Income and its Distribution*) in den Kongress eingebracht, welche die Schätzung des Volkseinkommens zur staatlichen Aufgabe erklärte. Das Handelsministerium wurde beauftragt, zunächst für die Jahre 1929 bis 1931 Volkseinkommensstatistiken vorzulegen. Dabei sollte ermittelt werden, wie hoch der Beitrag unterschiedlicher Sektoren zur Generierung des Volkseinkommens war und aus welchen Bestandteilen (Löhne, Gehälter, Profite, Rentenzahlungen usw.) sich das generierte Einkommen zusammensetzte.[138]

In ihrer Geschichte der amerikanischen Volkswirtschaftlichen Gesamtrechnungen vertritt Carol Carson die Ansicht, ein politisches Interesse an der Volkseinkommensstatistik habe in der Luft gelegen. Deshalb sei diese Resolution weniger revolutionär, als es den Anschein habe. Dabei verkennt sie, dass dieses Vorgehen in der internationalen Geschichte des BIP beispiellos ist: Erstmals forderte ein Parlament – der amerikanische Kongress – die statistische Information ein und erkannte nicht nur den politischen Nutzen der Erstellung dieser Zahlen, sondern wollte auch kontrollieren, welche Daten in welcher Form erhoben wurden.

Kurz nach seiner Aussage vor dem Gremium verließ Dewhurst das Handelsministerium. Da dort außer ihm

137 Ebd., S. 583.
138 Carson, »The History«, S. 156; US Senate, »Estimates of National Income and its Distribution«, in: *Journal of the Senate*, 27. Congress, 1st Session (1932), S. 556-567.

niemand in der Lage war, die Berechnungen durchzuführen, trat das Ministerium an das NBER heran. Hier war in den letzten Jahren Willford King für die Berechnung des Volkseinkommens zuständig gewesen. Allerdings waren bei der Institutsleitung Zweifel an der methodischen Qualität seiner Schätzungen aufgekommen, die beispielsweise auch Hausarbeit mit einbezogen. Kuznets sollte Kings Ansatz methodisch überprüfen.[139] In seinem damals bereits verfassten Eintrag zum Stichwort »Volkseinkommen« für die *Encyclopedia of the Social Studies*, die bald darauf publiziert wurde, hatte Kuznets seine Definition vorgelegt. Der Artikel kursierte in einer Vorabfassung in Washington, wo Mitarbeiter La Follettes auf ihn aufmerksam wurden.

Kuznets wurde vom Ministerium mit der Ausarbeitung der Volkseinkommensberechnungen für 1929-1931 betraut. Dabei assistierten ihm zwei Mitarbeiter des Ministeriums, beides Absolventen der University of Pennsylvania. Einer von ihnen war Milton Gilbert, der ab 1941 das Programm zur Erfassung des Volkseinkommens leiten und sich zu Kuznets' schärfstem Kritiker entwickeln sollte.

Volkseinkommen in der Encyclopedia of the Social Studies *(1933)*

Dass Kuznets, der im Gegensatz zu anderen Forschern bisher noch nicht mit Arbeiten zum Thema Volkseinkommen hervorgetreten war, mit dem Eintrag in der *Encyclopedia* betraut wurde, lag an seinem Bruder: Salomon Kuznets war einer der engsten Mitarbeiter des Herausgebers und vergab den Auftrag an Simon.[140] Mit dem Eintrag legte

139 Rutherford, »Who's Afraid«, S. 117.
140 Kapuria-Foreman/Perlman, »An Economic Historian's«, S. 1529.

dieser die bis dahin umfassendste methodisch-theoretische Ausführung zum Volkseinkommen vor. Da sich der Eintrag im Gegensatz zu den meisten anderen Publikationen zum Volkseinkommen nicht an ein Fachpublikum richtete, allgemein verständlich geschrieben war und mit wenig technischen Details auskam, konnte Kuznets damit seine eigenen Vorstellungen breit streuen.

Für Kuznets gehörte zum Komplex des Volkseinkommens nicht nur das Einkommen, das sich als Konsum berechnen ließ, dessen Verteilung sowie der Wert der Produktion. Als vierte Kategorie fügte er das sogenannte *income enjoyed* hinzu – die Summe aller erwünschten Empfindungen, die jeder Einzelne in seiner Doppelfunktion als Produzent und Konsument im Wirtschaftskreislauf hat.[141] Damit erweiterte Kuznets das Bedeutungsspektrum des Volkseinkommens um eine subjektive Komponente: die sich aus der eigenen wirtschaftlichen Aktivität ergebende Zufriedenheit.[142] Messbar waren diese Gefühle allerdings nicht, so dass man sich, um das Volkseinkommen zu quantifizieren, auf die kruderen Maßstäbe des erhaltenen Einkommens (*income received*) bzw. des Konsums konzentrieren musste.

Auf den ersten Blick scheine das Volkseinkommen, so Kuznets, eine objektive Bestandsaufnahme wirtschaftlicher Stärke zu ermöglichen. Es ließe sich als Index der Produktionskraft lesen und würde einen Vergleich der Produktivität unterschiedlicher Länder erlauben. Das Pro-Kopf-Einkommen könnte ein Indikator für die ökonomische Wohlfahrt eines Landes sein, und wenn genügend Da-

141 Simon Kuznets, »National Income«, in: Edwin Seligman/Alvin Johnson (Hg.): *Encyclopedia of the Social Sciences*, Band 11, New York 1933, S. 205-224, hier S. 205.

142 Ebd., S. 207.

ten vorlägen, wäre es möglich, die Entwicklung über einen längeren Zeitraum zu beschreiben, Aussagen darüber zu machen, um wie viel reicher oder ärmer ein Land geworden war und wie sich das Einkommen auf bestimmte Gruppierungen der Gesellschaft verteilte. Aber Kuznets formulierte bewusst im Konjunktiv. Er warnte davor, das Potential solcher Berechnungen zu überschätzen: »Wie man sie auch nutzen mag, solche Zahlen [...] scheinen sehr brauchbar zu sein; sie scheinen etwas klar Definiertes und Signifikantes zu messen und vergleichbar zu machen. Wenn man aber genau hinsieht, zeigt sich, dass der Eindruck, solche Schätzungen seien klar und eindeutig, trügt.«[143] Es war ihm wichtig, die Schwierigkeiten der Berechnung aufzuzeigen. Um Fehlinterpretationen zu vermeiden, bei denen lediglich der Wunsch Vater des Gedankens sei, müsse man die »Lücke« kennen zwischen dem, was gemessen werden kann, und dem, was gemessen werden soll.[144] Das Volkseinkommen war für Kuznets nur eine aufaddierte Zahl zu einem bestimmten Zeitpunkt und konnte keinesfalls eine tiefergehende Analyse ersetzen oder überflüssig machen.[145]

Der Sinn und Zweck des Wirtschaftssystems bestand laut Kuznets darin, die Bürger eines Landes mit Gütern und Dienstleistungen zu versorgen. Entscheidend für die Erfassung des Volkseinkommens war der Moment, in dem Individuen im Wirtschaftskreislauf ihr Einkommen erzielten. Kuznets hatte ein klares und realistisches Konzept: Das Volkseinkommen sei von den Einkommen her zu denken, die den Individuen konkret zufallen – und nicht primär als Gesamtwert der Produktion zu verstehen. Allerdings wa-

143 Ebd., S. 205 f.
144 Ebd., S. 224.
145 Ebd., S. 205.

ren auch mit einer solchen Festlegung für Kuznets nicht alle Probleme beseitigt. Zum einen sei es schwierig, Einkommen zu bewerten, für die kein Geldwert bezahlt wurde. Zum anderen war das Konzept »Einkommen« schon insofern mehrdeutig, als es unterschiedliche Motivationen gab, Einkommen zu erzielen. Individuen beispielsweise benötigen ein Einkommen, um ihren Lebensunterhalt zu bestreiten bzw. ihren Lebensstandard zu sichern. Unternehmen hingegen wollen Profite generieren.

Aus diesen Überlegungen leitete Kuznets ab, was als Einkommen gerechnet werden sollte und was nicht: Das Volkseinkommen setze sich aus der Summe der erhaltenen Löhne und Gehälter, Renten, Zinsen, Dividenden etc. zusammen. Dass der Wert von Gütern, die ohne Geldzahlungen zum Eigenkonsum hergestellt werden, oder von Dienstleistungen wie der unbezahlten Hausarbeit nicht berücksichtigt wurde, obwohl er den Individuen unmittelbar zugutekommt, habe lediglich pragmatische Gründe und ergebe sich aus der Notwendigkeit, zwischen wirtschaftlichen Aktivitäten und der privaten Lebensführung von Individuen zu unterscheiden.[146] Eine solche Trennlinie lasse sich nur von Land zu Land bestimmen und könne sich im Zeitverlauf verschieben.[147] Vergleiche, bei denen das Volkseinkommen eines Landes für unterschiedliche Zeiten berechnet wird, um die Ergebnisse miteinander in Beziehung zu setzen, aber auch zwischen verschiedenen Ländern könnten missverständlich sein. Auch lasse sich das Volkseinkommen von Ländern mit sehr unterschiedlicher Einkommensverteilung kaum vergleichen. Zudem gebe es kein objektives Kriterium dafür, wie die Leistungen der öffentlichen Hand, die nicht auf dem freien Markt ge-

146 Kapuria-Foreman/Perlman, »An Economic Historian's«, S. 1530.
147 Kuznets, »National Income«, S. 209.

handelt werden, zu bewerten sind oder ob man bei der Berechnung des Wertes der produzierten Güter Netto- oder Bruttogrößen ansetzen sollte. Für die Betrachtung kurzer Zeiträume sei die Angabe eines Bruttowertes genauer, da der Verbrauch des Kapitals hier nur schwer zu schätzen sei.

Wie wichtig es Kuznets war, das Volkseinkommen als Gesamtheit der konkreten Einzeleinkommen und nicht einfach als abstrakte Summe zu verstehen, zeigt sich auch daran, dass er es nicht bei der aggregierten Erfassung der Einkommen beließ: Die Einkommens*verteilung* war für ihn nicht von der Erfassung des Volkseinkommens zu trennen. Fast die Hälfte seines Eintrags verwendete Kuznets auf diesen Aspekt. Da die individuelle Wohlfahrt von der Höhe des Einkommens abhänge, über das der Einzelne verfügt, müsse man die Berechnung des Volkseinkommens mit einer Erfassung der Einkommensverteilung verbinden. Nur beides zusammen erlaube es, Aussagen über die Wohlfahrt eines Landes zu machen.

Die Erfassung des Volkseinkommens war demnach abhängig vom gesellschaftlichen Konsens darüber, was man unter wirtschaftlicher Aktivität verstand. Jede Definition und Schätzung der verschiedenen wirtschaftlichen Aktivitäten musste auf der Basis eines vorab festzulegenden Konsenses geschehen. Folglich beeinflussten bestimmte soziale und institutionelle Strukturen die Art und Weise, wie das Volkseinkommen berechnet werden konnte und sollte. Der Begriff »Volkseinkommen« bezeichne in unterschiedlichen Kontexten Unterschiedliches.

Das betraf auch die Familie als wirtschaftliche Einheit.[148] Während sie in modernen westlichen Staaten kei-

148 Hier war Kuznets wahrscheinlich stark durch die Arbeiten des russischen Agrarstatistikers Alexander Tschajanow beeinflusst, der bereits zu Beginn des 20. Jahrhunderts die Arbeits- und Lebensweise der rus-

nen nennenswerten Beitrag mehr zur wirtschaftlichen Produktion (und sei es nur zum Eigenbedarf) leistete, war sie in den meisten Teilen der Welt immer noch ein konstitutives Element der Wirtschaftsstruktur. Der ökonomische Stellenwert der Familie und der Haushaltsproduktion änderte sich nicht nur im Laufe der Zeit, wie sich in Europa gezeigt hatte, sie war auch von Region zu Region unterschiedlich. Daraus folgte, dass die Erfassungsmethode an die jeweiligen lokalen Gegebenheiten anzupassen war. Eine universelle Methode, mit der man das Volkseinkommen womöglich gar weltweit erfassen konnte, schied als Option kategorisch aus.

Die offizielle Schätzung von 1934

Die Ergebnisse von Kuznets' Berechnungen wurden 1934 als Publikation des Senats unter dem Titel *National Income, 1929-32* vorgestellt.[149] Es war der Versuch, die gesamte Aktivität der Volkswirtschaft von der Einkommensseite her zu beschreiben.[150] Die Daten vermittelten ein dramatisches Bild. Das Volkseinkommen war um die Hälfte, die Einkommen aus Produktion waren um 70, die aus der Bautätigkeit um 80 Prozent gesunken. Lediglich der öffentliche Sektor war gewachsen. Lohnempfänger hatten stärkere Einbußen als Gehaltsempfänger hinnehmen müssen.[151]

Ebenso deutlich wie diese Zahlen waren allerdings die Warnungen, mit denen der Bericht auf die Gefahr hinwies,

sischen Bauernfamilien als Familienwirtschaften beschrieben hatte und deren ökonomische Rationalitäten erfassen wollte.

149 Simon Kuznets, *National Income, 1929-1932*, National Bureau of Economic Research, New York 1934.

150 Ebd., S. 1.

151 Marcuss/Kane, »U.S. National Income«, S. 34.

die Aussagekraft der aufgeführten Daten zu überschätzen. Immer wieder wurde betont, dass unterschiedliche Definitionen unterschiedliche Ergebnisse hervorbringen mussten. Dies galt insbesondere für eine Vorgehensweise, die im Volkseinkommen die Gegebenheiten des Marktes reflektiert sehen wollte und so den Marktpreisen eine Schlüsselrolle zuerkannte. Ohne eine genaue Analyse der Verteilungssituation aber seien keine aussagekräftigen Informationen über die wirtschaftliche Wohlfahrt zu gewinnen. Kuznets' Vorsicht gipfelte in dem Hinweis, das vorliegende Zahlenmaterial erlaube keine Rückschlüsse auf die ökonomische Wohlfahrt.

Welche Gefahren und welches politische Risiko die Zusammenstellung seiner Daten barg, war Kuznets wohlbewusst. Er mahnte:

> »Das an sich wertvolle Vermögen des menschlichen Geistes, eine komplexe Situation in eine kompakte Charakterisierung zu vereinfachen, wird gefährlich, wenn es nicht durch klar definierte Kriterien kontrolliert wird. Besonders bei quantifizierenden Messungen suggeriert die Bestimmtheit der Resultate oft irreführenderweise eine Genauigkeit und Einfachheit beim Erfassen des gemessenen Untersuchungsgegenstandes. Die Messungen des Volkseinkommens sind dieser Form der Illusion und des daraus folgenden Missbrauchs ausgesetzt, besonders wenn sie ins Zentrum des Konflikts bestimmter einander gegenüberstehender sozialer Gruppen eingreifen, wo der Nutzen eines Arguments meist von dessen Vereinfachung abhängt.«[152]

Kuznets benutzte zwei Definitionen des Volkseinkommens. Zum einen gab es das *national income produced*, zum anderen das *national income paid out*. Der Unterschied bestand darin, dass bei der ersten Definition der Sparbetrag der Unternehmen (d.h. der Differenzbetrag,

152 Zitiert nach ebd.

der sich aus dem Gewinn und den Auszahlungen in Form von Löhnen und Gehältern, Dividenden, Zinszahlungen etc. ergibt) mitgerechnet wurde. Das *national income paid out* hingegen bezog sich rein auf das den Produktionsfaktoren zufließende Einkommen. Die erste Messung war also umfassender, weil sie auch den Teil der Gewinne berücksichtigte, der nicht ausbezahlt wurde.

Das *national income produced* entsprach dem Wert der laufenden Produktion von Gütern und Dienstleistungen nach Abzug von Abschreibungen und war identisch mit dem Nettonationalprodukt zu Marktpreisen. Dies wiederum wurde definiert als das Einkommen, das für Konsum und Investitionen zur Verfügung steht. Im Laufe der 1930er Jahre wurde diese Definition bald nur noch vereinfachend als Nationalprodukt bezeichnet.

In dem betrachteten Zeitraum von 1929-1932 zeigte sich, dass das Sparaufkommen der Unternehmen ab 1930 negativ wurde. Unternehmen mussten ihre finanziellen Reserven und Rückstellungen anzapfen oder sich verschulden, um weiterhin produzieren zu können, da die Kosten die Einkünfte überstiegen. Das *national income paid out* war somit größer geworden als *national income produced*.[153]

Nach der Publikation für den Senat gingen Kuznets und seine Mitarbeiter daran, die Volkseinkommensberechnung weiter in die Vergangenheit auszudehnen, um durch genauere Daten ein besseres Verständnis für die historischen Entwicklungsprozesse der amerikanischen Volkswirtschaft zu gewinnen. 1937 erschien der Band *National Income and Capital Formation, 1919-35*. Auch darin nahmen definitorische Fragen weiten Raum ein, und Kuznets ver-

153 Ebd., S. 35.

glich die von ihm genutzten Konzepte mit anderen Berechnungsmodellen.

Das so berechnete Volkseinkommen war für Kuznets eng mit der Marktwirtschaft verbunden, zumindest mit dem ökonomischen System, das in »wirtschaftlich fortgeschrittenen Staaten« der Gegenwart Marktwirtschaft genannt werde.[154] Sofern unter einem Markt der Ort zu verstehen sei, an dem sich Nachfrager und Anbieter treffen, messe das Volkseinkommen das Nettoprodukt der Aktivitäten, die sich auf dem Markt realisieren, und schließe diejenigen Aktivitäten aus, die sich außerhalb des Marktes abspielen.[155]

Erste politische Erfolge

Das Department of Commerce machte sich dafür stark, dass die Schätzungen auch nach der Beendigung der Arbeit von Kuznets im Jahre 1934 weiterhin regelmäßig in staatlichem Auftrag erhoben wurden. Denn staatliche Stellen hätten eine bessere Möglichkeit, Daten zu erhalten und zu sammeln. Von nun an berechnete das Department of Commerce jährlich Zahlen zum Volkseinkommen. Allerdings fehlte es an Mitarbeitern, so dass die Ergebnisse in den ersten Jahren nicht zeitnah und nicht im eigentlich gewünschten Umfang vorlagen.

Da in den Einkommensstatistiken die Transferleistungen mit erfasst wurden, die das staatliche Wohlfahrtssystem seit der Weltwirtschaftskrise an Bedürftige zahlte, waren die Daten nicht nur aus wirtschaftlicher, sondern auch aus sozialpolitischer Perspektive interessant. Staatliche

154 Simon Kuznets, *National Income and Capital Formation, 1919-1935*, New York 1937, S. 3.

155 Ebd., S. 6.

Einrichtungen etwa, die mit Sozialtransfers betraut waren, griffen darauf zurück.

Die offiziellen Zahlen zum Volkseinkommen wurden immer häufiger von der Politik und der Öffentlichkeit genutzt. Vor allem der im ersten Report von Kuznets in Zahlen ausgedrückte Rückgang des Volkseinkommens um 50 Prozent wurde ab 1933 als Begründung für die Notwendigkeit der geplanten, innenpolitisch höchst umstrittenen öffentlichen Investitionsmaßnahmen im Rahmen des New Deal herangezogen. Da das Volkseinkommen von Anfang an eine Kategorie war, die der Staat als eine sinnvolle statistische Information erkannt hatte, nahm es auch früh einen prominenten Platz in den politischen Debatten ein, und die Auffassung, dass sich der Fortschritt mithilfe des Volkseinkommens messen lasse, setzte sich bald durch.

Im Präsidentschaftswahlkampf von 1936 war der öffentliche Umgang damit bereits so verbreitet, dass der Amtsinhaber Franklin D. Roosevelt in seinen Reden auf die Steigerung des Volkseinkommens in den letzten vier Jahren verweisen konnte, um die wirtschaftspolitischen Erfolge seiner Politik hervorzuheben.[156] 1938 forderte Roosevelt dann in seiner Budgetrede: »Wir müssen wieder den langen, stetigen und aufwärts führenden Weg eines steigenden Volkseinkommens einschlagen.«[157] Seit diesem Jahr wurden Volkseinkommensschätzungen monatlich durchgeführt und ließen sich damit als Aussagen über den aktuellen Zustand der Wirtschaft verstehen. So konnten mit der Kennzahl des Volkseinkommens kurzfristig auch makroökonomische Phänomene abgebildet werden.

156 Carson, »The History«, S. 160.
157 Marcuss/Kane, »U.S. National Income«, S. 36.

Die Berechnung des Volkseinkommens, mit der das Department of Commerce die offiziellen Zahlen im Auftrag der amerikanischen Regierung produzierte, erfolgte nach der Methode Kuznets' und war unabhängig von der keynesianischen Theorie. Auch eine Kontensystematik wie bei Meade und Stone gab es nicht. Allmählich wurde jedoch nicht zuletzt im Umfeld der Regierung Kritik an der Berechnungsmethode laut. Zum einen gab es einen nennenswerten Kreis von Politikern und Wissenschaftlern, die dem Keynesianismus zugetan waren und deren Bedarf an Informationen über relevante wirtschaftliche Aggregate das Department of Commerce mit seiner Erfassung nicht decken konnte. Zum anderen setzte sich gerade bei den Keynesianern in der Regierung immer mehr das damals neue Konzept des Bruttosozialprodukts durch.

Clark Warburton von der Brookings Institution hatte bereits 1934 in einem Projekt mit dem Titel *Distribution of Wealth and Income in Relation to Economic Progress* versucht, den Wert aller Endprodukte und Dienstleistungen zu errechnen, und nannte dies erstmalig: Bruttosozialprodukt oder *gross national product.*[158] In seine Schätzungen flossen wesentlich mehr Faktoren ein als in die Volkseinkommensberechnung von Kuznets und anderen. Warburton bezog unter anderem die Staatsausgaben mit ein. Kuznets hatte daraufhin 1937 den Begriff des *gross national product* in seinen Band *National Income and Capital Formation, 1919-1935* aufgenommen, ihm jedoch keine zentrale Bedeutung beigemessen.

158 Clark Warburton, »Value of the Gross National Product and its Components, 1919-1929«, in: *Journal of the American Statistical Association* 29/188 (1934), S. 383-388.

Zur gleichen Zeit begannen sich die Vorstellungen des Keynesianismus in den USA durchzusetzen. Es gelang einer Gruppe von Ökonomen aus Harvard, die Regierung von der Notwendigkeit einer aktiven Wirtschaftssteuerung zu überzeugen. Sie vertraten die Auffassung, man müsse die Volkseinkommensstatistik so verändern, dass sich mit ihrer Hilfe der Umfang der erforderlichen öffentlichen Infrastrukturmaßnahmen ermitteln ließe.[159] Für die National Defense Advisory Commission wurde das Bruttosozialprodukt 1940 intern geschätzt, und zwar rein von der Produktionsseite aus. Dabei wurde versucht, den Einfluss erhöhter Verteidigungsausgaben auf die Wirtschaftsentwicklung zu bestimmen.

Für Kuznets lag der Fokus bei der Einkommensberechnung auf dem Individuum. Der Staat kam nur insofern in den Blick, als er Transferzahlungen leistete. Auch in dem Eintrag der *Encyclopedia of the Social Sciences* trat der Staat praktisch nicht in Erscheinung. In seinen eigenen Arbeiten legte Kuznets den Schwerpunkt auf das *national income paid out*, also das Einkommen, das den Privathaushalten zur Verfügung steht. Bei der Berechnung des Volkseinkommens sollten theoretisch noch die Ausgaben abgezogen werden, welche die Kosten unserer »wirtschaftlichen Zivilisation« spiegeln, beispielsweise für Rüstung, Infrastruktur oder Transport. Diese Ausgaben waren ein *evil necessary*, ein notwendiges Übel, das als Zwischenprodukt zu erfassen wäre, aber den Endverbrauchern nicht zum Konsum zur Verfügung stand. Colin Clark und Simon Kuznets bewerteten die Staatsaktivität sehr ähnlich.

159 Carson, »The History«, S. 166. Siehe auch Byrd L. Jones, »The Role of Keynesians in Wartime Policy and Postwar Planning, 1940-1946«, in: *American Economic Review* 62/2 (1972), S. 125-133.

Aus dieser Perspektive betrachtet musste eine Erhöhung der Rüstungsproduktion eine Verringerung des Volkseinkommens nach sich ziehen. In den Vereinigten Staaten plädierte das Office of Price Administration and Civilian Supply (OPACS) vor Kriegseintritt der USA vehement für eine solche Erhöhung, drang aber mit seinen Forderungen zunächst nicht durch, da man von steigenden Staatsausgaben ebensolche negativen Effekte auf das Volkseinkommen erwartete.

In der Durchsetzung des Keynesianismus kam dem OPACS eine besondere Bedeutung zu. Die Behörde war mit der Mobilisierung von Ressourcen für den Krieg betraut, so dass sie auf Schätzungen des privaten Konsums, der privaten und staatlichen Investitionen und der Staatsausgaben angewiesen war – alles Aggregate, denen in der keynesianischen Theorie eine herausragende Rolle zukam. Der Direktor der Defense Economic Section des OPACS, Richard Gilbert, war der ältere Cousin Milton Gilberts, des Kuznets-Schülers, der im Department of Commerce die Volkseinkommensschätzungen verantwortete. Vor dem Krieg waren die beiden ebenso wie der Harvard-Ökonom John Kenneth Galbraith Redenschreiber Präsident Roosevelts gewesen.

Richard Gilbert lehrte in Harvard, war Keynesianer der ersten Stunde und einer derjenigen, die Roosevelt, der zunächst wenig von Keynes' Lehren hielt, für dessen Theorien einnehmen konnte. Er hatte die britischen Publikationen zur Volkseinkommensberechnung, vor allem die von Meade und Stone, eingehend studiert und sofort erkannt, dass man mithilfe dieser Berechnungslogik zeigen konnte, dass eine Steigerung der Rüstungsproduktion keine Einbußen des Volkseinkommens mit sich bringen musste.

Als Keynes 1941 die USA besuchte, ergab sich die Gelegenheit zu einem Austausch mit den Mitarbeitern des OPACS (darunter auch ehemalige Studenten von Keynes) und ihrem Direktor Richard Gilbert. Damals arbeitete man im OPACS an einer eigenen Schätzung des Bruttosozialproduktes. Keynes und Gilbert berieten sich intensiv über den Aufbau und die Berechnungsmethodik des Volkseinkommens.[160] Das Ergebnis war eine vom OPACS 1941 vorgelegte Bruttosozialproduktschätzung, welche die Effekte höherer Rüstungsausgaben berechnete und die Staatsausgaben dabei mit einbezog. Es war ein expliziter Versuch, eine andere Berechnungsmethode als die von Kuznets durchzusetzen. Keynes äußerte sich zu der Studie sehr wohlwollend, es sei das Werk junger Ökonomen, die nicht länger alten Denkmodellen verhaftet seien.

Milton und Richard Gilbert waren eng befreundet und teilten sich in Washington eine Wohnung. Richard konnte den jüngeren Cousin von der Idee des Bruttosozialprodukts überzeugen, so dass dieser 1942, als er zum Leiter der Forschungsabteilung im Department of Commerce ernannt wurde, die offizielle Volkseinkommensberechnung auf eine Bruttosozialproduktberechnung unter Zuhilfenahme der keynesianischen Theorie umstellte.[161] Damit trennten sich die Wege von Kuznets und dem Department of Commerce.

Hauptunterscheidungsmerkmal der beiden Ansätze war die Rolle, die dem Staat zugewiesen wurde. Hier hatte sich kein allmählicher Wandel vollzogen, hier zeigte sich eine völlig neue Herangehensweise bei der Interpretation wirtschaftlicher Vorgänge. Anders als beim britischen System war in den Vereinigten Staaten jedoch nicht das besteuerbare Einkommen der entscheidende Parameter, sondern

160 Mitra-Kahn, *Redefining the Economy*, S. 254.
161 Ebd., S. 260.

die Produktion. Als sich die Umstellung von der Friedens- auf die Kriegswirtschaft vollzog, war die präzise Einschätzung der amerikanischen Produktivkraft politisch relevanter als die Frage, wie viel Geld den Privathaushalten zur Verfügung stand.

Das Bruttosozialprodukt bewährt sich

Durch den Eintritt der USA in den Zweiten Weltkrieg beschleunigte sich die Konzentration auf die Produktion. Der Angriff auf Pearl Harbour Ende 1941 führte zu einem drastischen Anstieg des Verteidigungsbudgets: Präsident Roosevelt sah für 1942 Rüstungsausgaben von 56 Milliarden Dollar vor. Ein Jahr zuvor hatten sie noch 13 Milliarden betragen. Eine solche extreme Steigerung würde die Wirtschaftsstruktur der Vereinigten Staaten grundlegend verändern. Welche konkreten Auswirkungen das haben würde, war nicht klar. Obwohl das Volkseinkommen bei gleichzeitig steigenden Rüstungsausgaben weiter gewachsen war und inzwischen über dem Niveau von 1929 lag, ahnte man, dass der private Konsum aufgrund des Material- und Rohstoffbedarfs zurückgehen würde. Allerdings gab es keine Statistik, die genau aufschlüsseln konnte, aus welchen Produkten und Dienstleistungen sich das Nationalprodukt zusammensetzte und welche Bereiche von Materialknappheit betroffen sein würden. Das Volkseinkommen lieferte zwar ein Abbild des generellen Zustands der Wirtschaft, aber in welchen Produktionsbereichen Engpässe auftreten könnten, wo man also Substitutionsmöglichkeiten würde finden müssen, ließ sich daraus nicht ableiten.

Vor allem aber bestand ein großes politisches Interesse daran, die immer noch herrschende Ansicht zu entkräften, die Ausweitung der Rüstungsausgaben und -produktion müsse zu einer Verringerung des Volkseinkommens führen. 1942 publizierte Milton Gilbert dazu eine umfassende Studie, mit der er wesentlich dazu beitrug, dass sich in der amerikanischen Politik statt des Volkseinkommens das Bruttosozialprodukt als Kennziffer durchsetzte.

Gilbert war der Meinung, dass sich grundsätzliche Aussagen über die zu erwartende strukturelle Transformation treffen und daraus Empfehlungen für die Politik ableiten ließen. Die bestehenden Statistiken allerdings hielt er für wenig aussagekräftig. Später schrieb er, das Anfangsstadium der Kriegsmobilisierung sei mit einer Situation vergleichbar gewesen, in der man sich auf eine Ausschreibung bewirbt, ohne die Kapazität der eigenen Anlagen oder die zur Verfügung stehenden finanziellen Mittel zu kennen.[162]

Zunächst stellte Gilbert fest, dass der Anstieg der jährlichen Verteidigungsausgaben – von weniger als 3 Milliarden im Jahr 1940 auf bereits über 13 Milliarden Dollar im Jahr 1941 – nicht zu einem Rückgang des privaten Konsums geführt hatte. Im Gegenteil: Der private Konsum hatte historische Rekordhöhen erreicht, ebenso wie das Volkseinkommen, das im gleichen Zeitraum von 75 Milliarden auf 104 Milliarden Dollar zugenommen hatte.

Die entscheidende Frage lautete: Wie viel vom Gesamtprodukt wird noch für den privaten, zivilen Konsum übrig bleiben, wenn man die geplanten Verteidigungsausgaben des Staates in Rechnung stellt?[163] Um diese Frage zu beant-

162 Milton Gilbert/George Jaszi, »National Product and Income Statistics as an Aid in Economic Problems«, in: *Dun's Review*, Februar (1944), S. 9-12 und 30-38, und Marcuss/Kane, »U.S. National Income«, S. 37.
163 Carson, »The History«, S. 169.

worten, musste man nach der damals gängigen Ansicht die Ausgaben des Staates für Rüstung und Verteidigung vom geschätzten Volkseinkommen abziehen; für den privaten Konsum bliebe dann nur der Restbetrag übrig. Aus den vorliegenden Zahlen war demnach zu folgern, dass der private Sektor auf ein Drittel seines gegenwärtigen Konsums verzichten müsste, damit die Rüstungspläne des Präsidenten realisiert werden könnten. Solche Berechnungen fand Gilbert irreführend.[164] Auf diese Weise entstehe ein völlig verzerrtes Bild, das den Produktionskapazitäten der amerikanischen Wirtschaft nicht gerecht werde.

Grundlage von Gilberts Neuberechnung war die einfache Unterscheidung von geplanten Ausgaben für Kriegszwecke und geplanten Ausgaben für Friedenszwecke. Er argumentierte, dass das Volkseinkommen als Aggregat des Einkommens nicht in Beziehung zu den Rüstungsausgaben gebracht werden könne. Das Rüstungsbudget werde schließlich für Käufe von Gütern und Dienstleistungen zu Marktpreisen verwendet. Daher könne die statistische Größe, mit der die Rüstungsausgaben zu vergleichen wären, nur der Wert aller in einer Periode produzierten Güter und Dienstleistungen sein, bewertet zu Marktpreisen. Das Volkseinkommen hingegen gebe lediglich den Nettowert der Produktion an – ausgedrückt als Summe der Einkommen der verschiedenen Produktionsfaktoren.

Um das Volkseinkommen zu einem Maß der Produktion zu Marktpreisen werden zu lassen, musste man sich laut Gilbert zunächst klarmachen, wie die Steuern, welche die Unternehmen auf ihre Gewinne entrichten, bevor sie Löhne, Gehälter, Zinsen etc. bezahlen, in die Berechnung einzubeziehen sind. Denn wegen dieser Steuern konnte der

164 Milton Gilbert, »War Expenditures and National Production«, in: *Survey of Current Business* 22/3 (1942), S. 9-16, hier S. 9.

Verkaufspreis von Gütern und Dienstleistungen nicht mit den Faktorkosten (das heißt dem Einkommen, das etwa in Form von Löhnen und Gehältern an die Produktionsfaktoren gezahlt wird) identisch sein. Und da dem Staat im Rahmen der Steuererhebung Teile der Einkommen zuflossen, müsse man ihn selbst als Einkommensempfänger betrachten und den entsprechenden Betrag zum Volkseinkommen *hinzurechnen*, um den Wert der Marktpreise an Gütern und Dienstleistungen zu erhalten. Dies war dann immer noch eine Nettogröße. Für den Vergleich mit den Rüstungsausgaben schlug Gilbert jedoch vor, die Bruttogröße zu nutzen, das heißt, von Abschreibungen abzusehen: Einerseits seien die kalkulatorischen Ansätze, mit denen man die Abschreibungen berechne, methodisch vage und fehlerhaft, andererseits würden Abschreibungen für eine hochmoderne, dem neuesten Stand der Technik entsprechende Rüstungsindustrie, wie sie durch die Transformation der Wirtschaft entstand, kaum ins Gewicht fallen, weshalb der Bruttowert genauer wäre als das wie auch immer geartete Herausrechnen von Abschreibungen.[165] Der einfachste Grund jedoch war, dass die Abschreibungen ohnehin in die Preise einflossen, die man (auch für Rüstungsgüter) am Markt erzielte beziehungsweise zahlen musste.

Die durch diese Umrechnungen erhaltene Größe nannte Gilbert *gross national product* oder *gross national expenditure*. Sie beinhaltete über den Wert der vom Privatsektor produzierten Güter und Dienstleistungen zu Marktpreisen hinaus auch den Wert der direkt vom Staat produzierten Güter und Dienstleistungen.[166] Das so geschätzte Brut-

165 Ebd., S. 10.
166 Marcuss / Kane, »U.S. national income«, S. 38.

tosozialprodukt lag 25 Prozent über den Schätzungen des Volkseinkommens.[167]

Diese Berechnungen erlaubten es Gilbert, die Zusammensetzung der Ausgaben (des Konsums) für die Jahre 1939 bis 1941 aufzuzeigen und für das Jahr 1942 zu schätzen. Er kam zu dem Ergebnis, dass die sich allmählich erhöhenden Rüstungsausgaben nicht zu einer Verdrängung innerhalb der Wirtschaft geführt hatten, sondern zu einer signifikanten Erhöhung der gesamten Produktion – und zwar nicht nur aufgrund der gestiegenen Staatsausgaben, sondern weil zugleich die Zahl der Beschäftigten, die durchschnittliche Wochenarbeitszeit sowie die Produktivität gestiegen waren. Die beginnende Transformation der Wirtschaft hatte den Anteil von Industrien erhöht, in denen sehr hochwertige Güter produziert wurden.

Vor dieser Folie stellten sich dann auch die bevorstehenden Veränderungen für Gilbert anders dar. Von den geplanten 56 Milliarden Dollar Rüstungsausgaben zog er zunächst die Rüstungsausgaben des Vorjahres ab und gelangte so zu einem Wert von rund 42 Milliarden Dollar. Wie wäre eine derartige Erhöhung der Rüstungsausgaben zu leisten? Gilbert stellte fest, dass die Volkswirtschaft der USA längst nicht an ihrem Produktionslimit angelangt war. Noch immer gab es zahlreiche Arbeitslose, die in den Produktionsprozess integriert werden konnten. Auch die Wochenarbeitszeit ließ sich weiter steigern, und ungenutzte industrielle Kapazitäten waren ebenfalls vorhanden.[168]

167 Carson, »The History«, S. 170. Siehe auch: Simon Kuznets' »National Income: A New Version«, in: *Review of Economics and Statistics* 30/3 (1948), S. 151-179, sowie Milton Gilbert/George Jaszi/Edward Denison/Charles Schwartz: »Objective of National Income Measurement: A Reply to professor Kuznets«, in: *Review of Economics and Statistics* 30/3 (1948), S. 179-195.

168 Gilbert, »War Expenditure«, S. 12.

Sollten die Produktionsziele der Regierung erreicht werden, würde das Bruttosozialprodukt laut Gilberts Schätzungen von 115 Milliarden (1941) auf 132 Milliarden ansteigen.

In der Regel ging man davon aus, dass sich die Rüstungspläne nur umsetzen ließen, wenn zivile Güter in Kriegsgüter umgewandelt würden. Dies allein, so Gilbert, würde aber nicht ausreichen, um die angestrebte Menge an Panzern, Flugzeugen und Schiffen zu produzieren. Die Möglichkeiten der Umwandlung (Konversion) seien für die Konsumgüterindustrie (Automobile, Elektrogeräte, Kleidung) ohnehin sehr begrenzt. Bei den Investitionsgütern (Anlagen, Maschinen, Lastkraftwagen oder Landmaschinen) wäre das eher möglich. Man werde also in der Tat die Produktion bestimmter Güter einstellen oder reduzieren müssen, ausschlaggebend aber sei die mögliche Ausweitung der Produktion (Expansion).

Von den angestrebten 132 Milliarden Dollar Bruttosozialprodukt würden nach Abzug der staatlichen Rüstungsausgaben (die laut Gilbert aufgrund von einzelnen Anpassungen netto nur 53 Milliarden betragen würden) noch rund 79 Milliarden Dollar für alle anderen Ausgaben, inklusive der nicht rüstungsbezogenen Staatsausgaben, zur Verfügung stehen – weitaus weniger als die 1941 dafür noch vorhandenen 102 Milliarden, aber weitaus mehr, als die Anhänger der Volkseinkommensrechnung prognostizierten. Der Privatsektor werde also seine Konsumgewohnheiten einschränken müssen, weil sich die Produktion nicht kriegswichtiger Güter verringern werde – allerdings nicht, wie bislang angenommen, um ein Drittel, sondern allenfalls um ein Fünftel.

Die Berechnung des Bruttosozialprodukts zeigte nicht nur, dass die Umsetzung der Rüstungspläne weniger dramatische Folgen haben würde als befürchtet, sondern machte auch deutlich, dass diese Ausgaben sogar gesteigert werden konnten. Expansion und Konversion waren für Gilbert die wichtigsten politischen Konzepte, um den Anforderungen der Rüstungsindustrie zu genügen. Ein Großteil der geplanten Rüstungsausgaben konnte durch die Ausweitung der Produktion und durch den privaten Verzicht auf Investitionen und auf langlebige Konsumgüter aufgefangen werden. Diese Information war für die Politik von großer Bedeutung: Die Bürger müssten also kaum auf den Erwerb von Gütern und Dienstleistungen verzichten, die ihre Grundbedürfnisse abdeckten: Kleidung, Unterkunft und Essen.

Darüber hinaus erlaubte es die Berechnung des Bruttosozialprodukts, wichtige Kennziffern zur Inflationsbekämpfung zu identifizieren. Nach der damals vorherrschenden keynesianischen Inflationstheorie war die sogenannte *Inflationslücke* ein wichtiges Instrument zur Berechnung des Inflationsrisikos. Dem lag die Überlegung zugrunde, dass Inflation dann entsteht, wenn die Nachfrage nach Gütern und Dienstleistungen das Angebot übersteigt (also eine *Lücke* zwischen Angebot und Nachfrage klafft). Die in der Bruttosozialproduktrechnung enthaltenen Aussagen über Steuern, Konsum und Sparen konnten dabei die Berechnung der Inflationsgefahr entscheidend unterstützen und aufzeigen, mit welchen steuerpolitischen Maßnahmen das Einkommen gesenkt und somit die Nachfrage reduziert werden könnte.[169]

169 Marcuss/Kane, »U.S. National Income«, S. 40.

Die vom Department of Commerce herausgegebene Zeitschrift *Survey of Current Business* veröffentlichte ab Mai 1942 Schätzungen des Bruttosozialprodukts, kombiniert mit einigen weiterführenden Tabellen (Verhältnis von Bruttosozialprodukt zu Volkseinkommen, Verteilung des Bruttosozialprodukts nach Verwendung und nach Einkommen sowie Einkommensverwendung). Wenig später wurde das Bruttosozialprodukt zu konstanten Preisen ausgewiesen und vierteljährlich berechnet.[170]

Ganz automatisch setzte sich das Konzept des Bruttosozialprodukts aber nicht durch. Gerade privaten Unternehmern war nicht klar, welchen Sinn es für sie haben sollte, diese Zahl zu kennen. In der Wirtschaftszeitung *Dun's Review* wollte Milton Gilbert daher 1944 die Vorzüge der Bruttosozialproduktberechnung einem breiteren Publikum vermitteln und zeigen, dass sie nicht nur für den Staat, sondern auch für Unternehmer wichtige Informationen bereitstelle.[171]

Grund für die Ausrichtung auf das Bruttosozialprodukt waren die Erfordernisse des Krieges. Die in diesem Zusammenhang zentrale Frage lautete: Wie hoch ist das »Kriegspotential« der amerikanischen Wirtschaft? Aber genauso wichtig war die Frage, inwiefern die Vereinigten Staaten durch die Ausweitung der Rüstungsproduktion in eine Inflation gleiten würden. Daher benötigte man nicht nur Informationen über die produzierten Güter, sondern auch Angaben über die Einkommen und deren Verwendung. Genau das, so Gilbert, leiste die Bruttosozialproduktberechnung. Mit der Ermittlung des Volkseinkommens könne man zwar die Kaufkraft einschätzen, nicht jedoch eine Antwort auf die Fragen finden, die sich im Krieg stellten.

170 Vanoli, *History of National Accounting*, S. 22.
171 Gilbert/Jaszi, »National Product«.

Dazu brauche man die Daten zur Produktion – und zwar sowohl für den privaten als auch für den staatlichen Sektor. Das Bruttosozialprodukt war nichts anderes als diese Produktionsmessung. Durch die Verbindung mit der Verwendungsrechnung entstand so eine *Vogelperspektive* auf die Kreislaufbeziehungen der Wirtschaft.

Gilbert erklärte, dass sich die Umstellung auf das Bruttosozialprodukt als erfolgreich erwiesen habe, weil die Regierung nunmehr Statistiken als Grundlage für ihre Planungen nutzen und die Potentiale identifizieren konnte, die für eine Ausweitung der Rüstung zur Verfügung standen.[172] Aber auch in Friedenszeiten sei die Bruttosozialproduktstatistik sinnvoll – für den Staat ebenso wie für die Privatwirtschaft. Sie enthalte wichtige Konjunkturdaten und gebe den Unternehmern notwendige Informationen über den Zustand der gesamten Wirtschaft und deren Entwicklung an die Hand. Immer mehr Unternehmer, so Gilbert, würden die Bruttosozialproduktstatistik für ihre eigene Markt- und Konjunkturanalyse nutzen.

Gegen Ende des Krieges lösten dann die Erhebungen zum Bruttosozialprodukt die Volkseinkommensberechnung endgültig als Hauptstatistik zur Analyse der wirtschaftlichen Lage ab. In seiner Haushaltsrede vor dem Kongress im Januar 1945 sprach Präsident Roosevelt zum ersten Mal vom Bruttosozialprodukt. Damals war abzusehen, dass die amerikanische Volkswirtschaft nach Kriegsende vor einer weiteren großen Herausforderung stehen würde: der erneuten Transformation der Wirtschaft – von Kriegswirtschaft zurück zu einer Friedenswirtschaft.

Während des Krieges waren die Staatsausgaben für fast

172 Ebd., S. 37.

die Hälfte des Bruttosozialprodukts verantwortlich, fast jeder fünfte Amerikaner war beim Militär, und die meisten Arbeitnehmer waren direkt oder indirekt in der Rüstungsindustrie oder in der Produktion kriegswichtiger ziviler Konsumgüter beschäftigt.[173] Für die Nachkriegszeit würde es entscheidend sein, genügend Arbeitsplätze zu schaffen und die Binnennachfrage sowie Privatinvestitionen nach den Jahren des Konsum- und Investitionsverzichts wieder so anzukurbeln, dass Vollbeschäftigung möglich würde. Roosevelt machte in seiner Haushaltsrede klar, dass diese erneute Umstrukturierung der Wirtschaft ohne eine geeignete statistische Basis kaum zu erreichen wäre: »Statistische Information über die Aktivitäten der Unternehmen und über Märkte, Beschäftigung und Arbeitslosigkeit, Einkommen, Ausgaben und Sparen sind als Indikator für die Wirtschaftspolitik für den Rest des Krieges und für die Umstrukturierung der Nachkriegszeit unbedingt erforderlich.«[174]

Berechnungen in Krieg und Frieden

Milton Gilbert hatte deutlich gemacht, dass die Berechnung des Bruttosozialprodukts aus seiner Sicht keineswegs ein Instrument war, das man lediglich in Kriegszeiten nutzen konnte, sondern dem Staat eine unverzichtbare Entscheidungsgrundlage bot und daher dauerhaft von staatlichen Stellen durchgeführt werden sollte. Forschungsinstitute wie das NBER oder unabhängige Ökonomen wie Simon Kuznets hatten dabei keine Rolle mehr zu spielen.

Ganz kampflos gab sich Kuznets aber nicht geschlagen.

173 Marcuss/Kane, »U.S. National Income«, S. 41.
174 Ebd.

Noch während des Krieges versuchte er, erneut Anerkennung für seine Ansichten zum Volkseinkommen zu finden. In *National Product, War and Prewar* (1944) sowie in einer bemerkenswerten Schrift mit dem Titel *National Product in Wartime*, die im Frühjahr 1945 erschien, machte sich Kuznets Gedanken über das Bruttosozialprodukt und dessen Berechnung in Kriegs- und Friedenszeiten.[175]

Das Nationalprodukt definierte er als gesamten Nettobeitrag, den die wirtschaftliche Aktivität eines Landes geleistet hatte. Entscheidend war für Kuznets dabei der Begriff »Beitrag«: *Wofür* wurde er geleistet? Was war das *Ziel*? Die anderen Bestimmungen hingegen waren relativ unproblematisch: *Wirtschaftliche Aktivität* bedeutete, dass von rein wirtschaftlichen Vorgängen die Rede war. *Gesamt* hieß, dass man eine Möglichkeit finden musste, qualitativ unterschiedliche Güter wertmäßig zusammenzurechnen. Und die Einschränkung auf *ein Land* zeigte an, dass der Endzweck der wirtschaftlichen Aktivität auf die eigene Nation bezogen ist und zunächst einmal keine internationale Vergleichbarkeit angestrebt war.[176]

Welchem Ziel nun diente die Kriegsproduktion? Leistete sie einen Beitrag dazu, die Bedürfnisse der Endverbraucher zu befriedigen? Konnte sie somit wie jedes andere Konsumgut statistisch erfasst werden? Oder erhöhte sich durch die Rüstungsproduktion der Kapitalbestand des Landes, so dass sich dessen Möglichkeit, in Zukunft Güter zu produzieren, erhöhte? War das Ziel der Landesverteidigung dasselbe wie das der Herstellung von Gütern für den Konsum, oder war es davon unabhängig?

So wünschenswert es im Prinzip wäre, ein einziges Maß zu finden, mit dessen Hilfe sich das Nationalprodukt be-

175 Simon Kuznets, *National Product in Wartime*, New York 1945.
176 Ebd., S. vii.

rechnen, die Entwicklung einer Volkswirtschaft im Zeitverlauf abbilden und mit der anderer Staaten vergleichen ließe – ein solches Ziel sei nur um den Preis einer Komplexitätsreduktion zu erreichen, die es unmöglich machen würde, ein realistisches Bild zu erhalten. Welche Methode man auch wählen würde – stets gäbe es Gründe, das gewählte Vorgehen in Frage zu stellen. Das Nationalprodukt sei »ein Konzept [...], das Antworten auf Fragen geben will, mit denen Philosophen seit ewigen Zeiten hadern«; der Preis, den man dafür zu zahlen habe, sei jedoch zu hoch.[177] Die Berechnung des Nationalproduktes müsse in Friedens- und Kriegszeiten unterschiedlich durchgeführt werden.

Schon in Friedenszeiten sei es schwierig genug, sich auf die Parameter der Messung zu verständigen. Durch eine Extremsituation wie einen Krieg werde diese Problematik weiter verschärft: In Kriegszeiten sei es kaum noch möglich, Zwischen- und Endprodukte, Brutto und Netto zu unterscheiden. Zugleich verändere sich die Rolle, die der Staat im wirtschaftlichen Prozess spielt. Vor allem aber verändere ein Krieg den Endzweck allen Wirtschaftens.

In Friedenszeiten bestehe das Ziel allen Wirtschaftens darin, die Endverbraucher mit Gütern und Dienstleistungen zu versorgen. Der Endzweck aller wirtschaftlichen Aktivität sei also die Befriedigung der menschlichen Bedürfnisse. In Kriegszeiten gehe es jedoch darum, möglichst viele Güter und Dienstleistungen für die Sicherung des einmal Erreichten zur Verfügung zu stellen und den Krieg so schnell wie möglich zu gewinnen. Im Frieden war die Güterproduktion für den Menschen da, im Kriege war es umgekehrt.

177 Ebd., S. x.

Kuznets schlug zwei verschiedene Berechnungen vor: In der einen sollte die Kriegsproduktion als Erhöhung des Kapitalbestandes, in der anderen als weiteres Endprodukt aufgefasst werden. Bei der Entscheidung für die eine oder die andere Methode kam es darauf an, ob man die Perspektive einer langen oder kurzen Frist wählte.

Kurzfristig gesehen könnten sich im Krieg alle Bedürfnisse eines Landes an der Kriegsproduktion ausrichten. Der militärische Konflikt dominiere die gesamte wirtschaftliche Aktivität, so dass es nur folgerichtig sei, wenn die Produktion von Kriegsgerät in solchen Momenten als Endprodukt zähle. Ähnliches gelte für die Unterscheidung zwischen Brutto und Netto: Für die Politik, die über die Planung der weiteren Kriegsproduktion entscheiden muss, waren die Nettogrößen unerheblich. Für eine langfristige Betrachtung dagegen sei es unverzichtbar, den Kapitalverbrauch – Kapitalverschleiß und das Veralten von Anlagen – einzuberechnen, um die Prozesse der Wirtschaft genauer abbilden zu können.[178] Die Bruttowerte des gesamten Outputs seien für die Entscheidungsträger im Krieg wichtig, für langfristige vergleichende Betrachtungen aber unzureichend.

In einem längeren Zeitraum, in dem es keine dauerhaften bewaffneten Konflikte gibt, dürfe man Rüstungsgüter und Kriegsgerät nicht als Konsumgüter betrachten, sondern müsse ihre Produktion als Erhöhung des Kapitalbestands verstehen. Unterschiedliche Berechnungen des Volkseinkommens erklärten sich dadurch, dass die Funktion des Staates und die Produktion von Kriegsgerät in Krieg und Frieden jeweils anders zu bewerten seien.

Allerdings machte Kuznets deutlich, dass es sich bei

178 Ebd., S. 21.

dem, was sich für die USA als Ziel allen Wirtschaftens in Friedenszeiten und auf lange Sicht angeben ließ – die Versorgung der Endverbraucher mit Gütern und Dienstleistungen –, nicht um eine allgemein und überzeitlich gültige Bestimmung handelte. Würde ein Land beispielsweise über drei oder vier Jahrzehnte in einen geplanten Prozess der Industrialisierung eintreten, um zu den weiter entwickelten Ländern aufzuschließen, könnte das Ziel des Wirtschaftens auch eher in der Akkumulation von Kapitalgütern liegen. Umgekehrt wäre es denkbar, dass in einem Land mit hohem Entwicklungsgrad die Maximierung der vorhandenen Güter nicht mehr als der Endzweck des Wirtschaftens gilt. Dort würden zu den erstrebenswerten Gütern auch Freizeit und die Beschäftigung mit den Künsten zählen, und wirtschaftliche Aktivitäten wären dem Ziel untergeordnet, nichtwirtschaftliche Aktivitäten genießen zu können.[179]

Schließlich ging Kuznets noch auf die elementare Frage ein, was eigentlich das Nationalprodukt messen kann und was nicht:

> »Von vielen Seiten her betrachtet ist die Bereitstellung von Gütern für Verbraucher eher ein untergeordnetes als ein Hauptziel des Wirtschaftens. Wenn die Funktion des Wirtschaftssystems danach beurteilt werden soll, ob es zur Wohlfahrt im weiteren Sinne beiträgt, wenn irgendeine Vorstellung des guten Lebens das Kriterium ist, dann sind beide, die Bereitstellung von Gütern für Verbraucher und jede andere Form wirtschaftlicher Aktivität, untergeordnet und das Nationalprodukt wäre ganz anders zu berechnen, wenn man es denn dann noch berechnen könnte. Nicht länger ein ökonomisches Konzept, wäre das Nationalprodukt Teil eines weiter gefassten Referenzsystems. Wenn die Ansicht der letzten Jahre akzeptiert wird, dass [wirtschaftliche Aktivität, Anm. d. Verf.][…] der Idee des guten Lebens, dem Ruhm des Lan-

179 Ebd., S. 26f.

> des oder irgendeinem anderen nebulösen Kriterium untergeordnet ist, muss der Nettobeitrag der wirtschaftlichen Aktivitäten vor dem Hintergrund dieser neuen und außerwirtschaftlichen Ziele gemessen werden.«[180]

Für Kuznets waren die Berechnungen des Department of Commerce inakzeptabel. Da sie alle Ausgaben der Regierung als Endprodukte erfassten, machten sie Staatsausgaben zu einer Variablen, die sich durch politische Entscheidungen verändern lässt. Das Bruttosozialprodukt war in diesem Verständnis eben keine spezielle Methode, mit der man die Produktion in Kriegszeiten berechnen kann, sondern wies dem Staat innerhalb des Wirtschaftssystems grundsätzlich eine zentrale Funktion zu. Ein solches Vorgehen erlaube keine Aussagen über den Nettobeitrag allen Wirtschaftens, da qua Definition Doppelzählungen auftreten mussten. Es war eine Berechnungsmethode, die der Politik und ihrem Einfluss auf das Nationalprodukt ein besonderes Gewicht zusprach.[181]

In einer Rezension von Kuznets' *National Product, War and Prewar* behauptete Milton Gilbert, die Vorschläge und Berechnungen seines ehemaligen Lehrers seien für die Lösung ökonomischer Probleme – gleich ob in Kriegs- oder Friedenszeiten – völlig unbrauchbar.[182] Gilbert lag viel daran, die Sicht des Department of Commerce als Regierungsbehörde gegen den privaten Forscher Kuznets durchzusetzen. Der Einfluss, den das NBER immer noch in allen Fragen der Methodik der Volkseinkommensberechnung

180 Ebd., S. 27.
181 Ebd., S. 31.
182 Milton Gilbert, »National Product, War and Prewar: Some Comments on Professor Kuznet's Study and a Reply by Professor Kuznets«, in: *The Review of Economic Statistics* 26/3 (1944), S. 109-135, hier S. 109.

hatte, war Gilbert ein Dorn im Auge. Seiner Meinung nach gab es noch zu viele, die dem NBER folgten und Kuznets' Methode für plausibel und praktikabel hielten.[183]

Kuznets verteidigte seinen Standpunkt gegen Gilberts Kritik. Wie üblich wurde er im Zusammenhang mit der Frage, was statistische Daten leisten können und was nicht, besonders deutlich. Der Krieg sei ein außergewöhnliches und extremes Ereignis, dem man durch Konzepte aus Friedenszeiten nicht leicht beikommen könne. Man brauche Nationalproduktberechnungen, um zu verstehen, was in der Wirtschaft vor sich geht. Aber man müsse sich bewusst sein, dass sich aus den Berechnungen keine Handlungsempfehlung für die Politik ableiten lassen. Sie konnten lediglich den Gestaltungsspielraum eingrenzen, den die Politik hatte.[184] Nationalproduktberechnungen könnten ein Problem klarer benennen, aber keine Lösung aufzeigen. Für Kuznets sollten sie die Diskussion über wirtschaftliche Vorgänge stimulieren – und zwar so, dass die Berechnungen selbst immer wieder hinterfragt wurden. Daher wollte Kuznets seine Vorschläge auch nicht als Ersatz, sondern als Ergänzung der Berechnungen des Department of Commerce verstanden wissen.

Der Konflikt um die Konten

Im September 1944 trafen sich Vertreter der Vereinigten Staaten, Kanadas und Großbritanniens, um die Grundlage für eine Harmonisierung der Methode zur Berechnung des Volkseinkommens zu schaffen. Simon Kuznets war dazu gar nicht erst eingeladen worden.

Die Diskussion wurde von Richard Stone dominiert, der

183 Ebd., S. 118.
184 Ebd., S. 135.

den Amerikanern die Logik seines Kontensystems klarmachen konnte. Schon während dieses ersten Treffens zeichnete sich ab, dass die Vereinigten Staaten sich der britischen Berechnungsmethodik annähern und so einen grundlegenden internationalen Konsens in der Kontensystematik herbeiführen würden.[185] Die Anwesenden legten besonderen Wert darauf zu betonen, dass es das Ziel sei, die Transaktionen innerhalb der Wirtschaft durch die drei Gruppen – Individuen, Staat und Unternehmen – sichtbar zu machen. Es gehe also weniger darum, eine bestimmte Zahl auszuweisen, als vielmehr um ein Zahlen- und Informations*system*, das anzeigt, in welchem Zusammenhang die einzelnen aggregierten Zahlen miteinander stehen. Insbesondere distanzierte man sich von Versuchen, das Volkseinkommen als eine Berechnungsgrundlage der ökonomischen Wohlfahrt zu nutzen.[186] 1947 legte dann das Department of Commerce mit den National Income and Product Accounts (NIPA) sein eigenes Kontensystem vor, das sich an der keynesianischen Systematik von Meade und Stone orientierte.[187]

Auch Kuznets war klar, dass ein Kontensystem grundsätzlich geeignet war, die Transaktionen der Wirtschaftssubjekte untereinander zu dokumentieren und somit einen Überblick über die Wirtschaftsaktivitäten zu geben.[188] Man konnte damit Funktion und Stellenwert bestimmter Tei-

185 Edward F. Denison, »Report on Tripartite Discussions of National Income Measurement«, in: *Studies in Income and Wealth* 10 (1947), S. 2-22, hier S. 21. Die Besonderheiten der amerikanischen und englischen Kontensystematik, die nicht gänzlich übereinstimmten, werden hier nicht im Detail beschrieben.

186 Denison, »Report«, S. 4.

187 Vanoli, *History of National Accounting*, S. 26.

188 Simon Kuznets, »Measurement of Economic Growth«, in: *Journal of Economic History* 7 (1947), S. 10-34, hier S. 18.

le der Wirtschaft darstellen, untersuchen, wie sie sich zur Entwicklung des Gesamtaggregats verhielten, und Veränderungsmuster im Zeitverlauf identifizieren. Aber mit dem Kontensystem des Departments war Kuznets alles andere als einverstanden. Seinen Unmut machte er im März 1948 in einem Artikel in der *Review of Economics and Statistics* deutlich.[189] In derselben Ausgabe des Journals reagierten Gilbert und andere auf die Vorwürfe Kuznets' und widersprachen ihm höflich, aber vehement.

Kuznets vermisste in dem Kontensystem des Departments eine klare Aussage darüber, auf welcher Basis die Berechnungsmethode festgelegt wurde. Statt am Endzweck des Wirtschaftens – der Bereitstellung von Gütern für die Verbraucher – orientiere sich die Methode des Departments an der Produktion. Sie stelle das Mittel, nicht den Zweck des Wirtschaftens in den Vordergrund.[190]

Der neue Zweck allen Wirtschaftens war somit die Produktion von Gütern. Damit hatte das Department den Fokus von der Konsumentenseite auf die Produktionsseite verlagert. Hierin bestand für Kuznets der fundamentale Unterschied zu seiner eigenen Herangehensweise,[191] und dieser Unterschied war mehr als ein Streit um Begriffe, es handelte sich um einen völlig anderen methodischen und philosophischen Ansatz. Nur die Zeit, so Kuznets, werde zeigen, welches Vorgehen der Realität angemessener sei oder mehr zum Verständnis von Änderungen wirtschaftlicher und sozialer Strukturen beitragen könne.[192] Darüber hinaus sah Kuznets in der Kontenaufstellung des Departments die konkrete Gefahr, dass sich damit ein System zum

189 Kuznets, »A New Version«.
190 Ebd., S. 156.
191 Ebd., S. 163.
192 Ebd.

Verständnis der Wirtschaft durchsetzen könnte, das höchst anfällig für Missverständnisse und Missbrauch sei.

Für Kuznets war durch ein Kontensystem keineswegs festgelegt, an welchem Punkt des Wirtschaftskreislaufs die Berechnung ansetzen sollte. Stattdessen sah er in den Berechnungen lediglich eine durch Annahmen motivierte Zweckmäßigkeit. Ein solches Kontensystem sei aber nicht hilfreich. Es sei wie ein Heft mit leeren Seiten – man kann selbst entscheiden, was man hineinschreibt.[193]

Besonders problematisch war aus Kuznets' Perspektive erneut die Position der öffentlichen Hand. Der Staat wurde vom Department of Commerce den Endkonsumenten gleichgestellt. Damit war ein Grundsatz von Kuznets aufgeweicht: Das Volkseinkommen sollte den Konsum der Individuen erfassen und der Staat als Einheit habe außen vor zu bleiben. Man könne den Staat mit seinen Bedürfnissen nur dann den Bedürfnissen der einzelnen Bürger gleichstellen, wenn alle die Wirtschaft betreffenden Staatsausgaben und -aktivitäten den Endverbrauchern als Güter und Dienstleistungen zum Konsum zur Verfügung stünden. Das sei aber nicht der Fall – einige staatliche Ausgaben kämen Unternehmen zugute, andere, die dem Zusammenhalt der Gesellschaft dienten (Gesundheit, Bildung), könnten nicht als konsumierbare Endprodukte aufgefasst werden. Selbst wenn man den Staat als Produzenten von Gütern betrachte, könnten nicht die gesamten Staatsausgaben als Endprodukte gezählt werden, da vieles von dem, was der Staat in Auftrag gibt, eher als Zwischenprodukt im Produktionsprozess zu verbuchen wäre. Die resultierenden Doppelzählungen verhinderten die Vergleichbarkeit der Messwerte im Zeitverlauf.

193 Ebd., S 153.

Darüber hinaus sei nicht nachzuvollziehen, weshalb bestimmte Elemente in das Kontensystem des Department of Commerce Eingang gefunden hatten, andere jedoch nicht. Dabei müsse man sich nur genauer ansehen, wie die Endverbraucher ihre Einkommensströme definieren, statt sich an theoretischen Konzepten zu orientieren, um festzulegen, was unter Einkommensströmen oder ökonomischen Transaktionen zu verstehen ist. Auf jeden Fall berge das Kontensystem das Risiko einer einseitigen Konzentration auf die monetären Ströme, von denen man dann auf die Zirkulation von Gütern schließe, ohne den Güterfluss außerhalb des monetären Raums genauer zu betrachten.

In ihrer Erwiderung auf die Kritik von Kuznets erklärten Gilbert und seine Mitstreiter, dass sie der Pionierarbeit von Kuznets größte Bewunderung zollen. Ihre Respektsbekundung liest sich aber so, als wollten sie Kuznets bereits seinen Platz in den Geschichtsbüchern der Volkseinkommensberechnung zuweisen und ihn als ebenbürtigen Diskutanten nicht mehr ernst nehmen.[194] Spätestens seit der Harmonisierung der Kontensysteme war Kuznets im Kreis der Volkseinkommensstatistiker isoliert. Besonders sein Anspruch, den Endzweck allen Wirtschaftens erfasst zu haben, stieß auf Kritik. Damit werde eine »moralische Dimension« in die Methodik der Volkseinkommensberechnung eingeführt, die dort nichts zu suchen habe. Gilbert und seine Mitstreiter beriefen sich dabei explizit auf

194 Gilbert/Jaszi/Denison/Schwartz, »Objectives of National Income«, S. 179. – Der Fachaustausch über die Methode zur Berechnung des Volkseinkommens und des Bruttosozialprodukts fand seit 1936 im Rahmen der vom NBER ins Leben gerufenen *Conference on Research in Income and Wealth* (CRIW) und seit 1949 auch innerhalb der *Association of Research in Income and Wealth* (IARW) statt.

William Petty. Es war ihr Anspruch, dessen Erbe weiterzuführen.[195]

In der Tat ist die politische Arithmetik mit der offiziellen Erfassung des Volkseinkommens bzw. des Bruttosozialprodukts durch das Department of Commerce fast idealtypisch verwirklicht worden. Es etablierte sich ein Datensystem, das der Regierung ein Bild der wirtschaftlichen Aktivität gab, aus dem sich Handlungsempfehlungen ableiten ließen. Die kritischen Zwischenrufe Kuznets' verhallten ungehört, weil sie der Herausbildung eines Systems der politischen Arithmetik entgegenstanden. Kuznets wurde von den Verfechtern der politischen Arithmetik abgelöst, für die die Bruttosozialproduktberechnung keine Angelegenheit von Forschern, sondern Sache der Regierung war.

195 Ebd., S. 189.

5. Krieg, Kidnapping und Datenraub: Deutschland

Kaiserreich und Weimarer Republik

Was die Erhebung des Volkseinkommens anging, war Deutschland im internationalen Vergleich ein Zuspätkommer. Zwar waren im 19. Jahrhundert – auf der Grundlage von Einkommensdaten der Steuerstatistik – zahlreiche Volkseinkommensstatistiken für deutsche Kleinstaaten erstellt worden, aber die Berechnungen wurden nur unregelmäßig und meist inoffiziell durchgeführt, und das vorhandene Datenmaterial galt als unzureichend. Außerdem bezweifelte die deutsche Ökonomenzunft die Brauchbarkeit der Zahlen. Auch in den englischen und französischen Versuchen zur Quantifizierung des Volkseinkommens sah man wenig Nutzen. Eher, so schien es, konnten solche Berechnungen hochriskant sein: Zur Festlegung der exorbitanten Reparationszahlungen nach dem Deutsch-Französischen Krieg griff Bismarck 1871 auf französische Volkseinkommensschätzungen zurück. Prekär daran war, dass diese Schätzungen in Fachkreisen als überhöht galten. Da sie jedoch von französischen Statistikern stammten, konnte Bismarck sich auf sie berufen und Frankreich damit bewusst zusätzlich düpieren.[196]

Nach der Reichseinigung wurde erst 1899 eine Volkseinkommensschätzung für das gesamte Deutsche Reich vorgenommen. Ihr lag aber lediglich eine grobe Hochrechnung einiger weniger regionaler Einkommensstatistiken auf das gesamte Reichsgebiet zugrunde. Sie hatte wenig Aussagekraft.[197]

196 Clark, *Conditions of Economic Progress*, S. 374.
197 Studenski, *Income of Nations*, S. 135.

Die erste umfassende Volkseinkommensschätzung für das Deutsche Reich legte 1913 der spätere Staatssekretär des Reichsschatzamtes und Vorstandsmitglied der Deutschen Bank, der Ökonom Karl Helfferich, vor. Auch sie erfolgte nicht in staatlichem Auftrag. Helfferich gründete seine Analysen ebenfalls auf Steuerschätzungen. Mit seiner Berechnung, die sich auf den Zeitraum 1896-1912 bezog, wollte er die wirtschaftliche Entwicklung in der Regierungszeit Wilhelms II. untersuchen, und er verglich seine Ergebnisse in bester Tradition der politischen Arithmetik Pettys mit Zahlen aus England und Frankreich. Bei der Betrachtung des durchschnittlichen Pro-Kopf-Einkommens stellte Helfferich fest, dass Deutschland in den vorangegangenen Jahrzehnten Frankreich offenbar wirtschaftlich überholt hatte, aber immer noch deutlich hinter England lag.[198] Helfferich, der in Paul Studenskis klassischer Geschichte der Volkseinkommensberechnung als Pionier gelobt wird und sich bemühte, den stetigen stabilen wirtschaftlichen Fortschritt des Kaiserreichs datengestützt aufzuzeigen, war in seinen letzten Lebensjahren (er starb 1924) als konservativer Politiker maßgeblich an der politischen Destabilisierung der jungen Weimarer Republik beteiligt. Seine Schrift *Fort mit Erzberger* (1919) bereitete die spätere Ermordung des damaligen Finanzministers Matthias Erzberger geistig vor, der 1918 den Waffenstillstand mit den Alliierten in Compiègne im Auftrag der provisorischen Reichsregierung unterzeichnen musste und damit zur Hassfigur der politischen Rechten geworden war.

Dass die Statistik des Deutschen Reichs im europäischen Vergleich bei vielen wirtschaftlich relevanten Datenerhe-

198 Ebd., S. 144.

bungen hinterherhinkte – ob bei der Arbeitslosenstatistik, den Informationen zu Preisen und Löhnen oder zum Konsum der Haushalte – und bis zum Beginn der Weimarer Republik nicht in der Lage war, ein genaues Bild der wirtschaftlichen Aktivitäten zu zeichnen, lag vor allem am seit dem 19. Jahrhundert ausgeprägten Widerstand der privaten Wirtschaft gegen die dazu nötigen Befragungen. Die Unternehmen waren nicht verpflichtet, die für die Erstellung von Wirtschaftsstatistiken erforderlichen Informationen preiszugeben. Dementsprechend dünn war das statistische Material, das zur Verfügung stand. Wie Adam Tooze in seiner Geschichte der deutschen Wirtschaftsstatistik des frühen 20. Jahrhunderts feststellt, war das wilhelminische Deutschland in Sachen Statistik alles andere als ein starker Staat.[199] Wurden Informationen erhoben, galten die Daten als geheime Verschlusssache.

Das 1872 gegründete Kaiserliche Statistische Amt musste sich aber nicht nur mit dem Widerstand der Wirtschaft herumschlagen, sondern auch mit den Problemen des deutschen Föderalismus – die einzelnen Staaten hüteten die ihr Gebiet betreffenden Informationen wie Geheimnisse oder versuchten, sie in Berlin zu ihren Gunsten einzusetzen. Hinzu kam, dass vor dem Ersten Weltkrieg kein Unterschied zwischen Wirtschafts- und Sozialstatistik gemacht wurde. Bis dahin gab es im Statistischen Amt auch keine spezielle Abteilung für Wirtschaftsstatistik. Die *Wirtschaft* als eigene Analyseeinheit war noch ohne Bedeutung.[200] Für die Planung politischer Prozesse wurde wenig Gewicht auf

199 Ebd., S. 60.

200 Adam Tooze, *Statistics and the German State, 1900-1945. The Making of Modern Economic Knowledge*, Cambridge 2001, S. 40ff. Auf dieser Arbeit beruhen die meisten hier verwendeten Informationen zur Geschichte der deutschen Statistik bis zur Nazizeit.

die offizielle Statistik gelegt, sie hatte keine Priorität und war lange unterfinanziert.

Mit dem Ausbruch des Ersten Weltkriegs änderte sich dies nicht sofort grundlegend, im Gegenteil: Da man zunächst von einem kurzen Feldzug ausging, schien eine langfristige Planung nicht nötig; die meisten statistischen Erhebungen wurden eingespart. Allerdings war sich die Großindustrie des erhöhten Planungsbedarfs bewusst. Walther Rathenau, Direktor der Berliner AEG, etablierte ein eigenes System der Erfassung und Kontrolle des Rohstoffbedarfs der Wirtschaft. Da er die offiziellen Daten für schlicht unbrauchbar hielt,[201] operierte die auf sein Betreiben gegründete Kriegsrohstoffabteilung völlig unabhängig vom Kaiserlichen Statistischen Amt.

Auf Seiten der deutschen Industrie bestand jedoch weiterhin ein Unbehagen, staatlichen Stellen Einsicht in die eigenen Vorgänge und Bücher zu gewähren. Um die Kriegsplanungen effizienter zu gestalten, wurde 1917 dann eine Auskunftspflicht eingeführt. Unter Androhung von Strafen mussten jetzt Unternehmen Daten bereitstellen. Auch das ging nicht ohne Widerstand vonstatten, und zumindest für die Nachkriegszeit erhofften sich die Unternehmer eine Rückkehr zu den Zeiten, in denen sie ihre Informationen für sich behalten konnten. Erst gegen Ende des Krieges etablierten sich das Reichswirtschaftsamt und das Reichsarbeitsamt als zentrale Behörden der Wirtschaftsverwaltung des Reiches. Das Statistische Amt wurde dem Reichswirtschaftsamt angegliedert.[202]

Im Gegensatz zum Kaiserreich verfügte die Weimarer Republik, in der die wirtschaftsnahen Verwaltungen der

201 Ebd., S. 64.
202 Ebd., S. 70.

Kriegszeit zu eigenen Ministerien wurden, über eine institutionalisierte nationale Wirtschaftsverwaltung. Die neue Bedeutung der Wirtschaftspolitik ist schon daran zu ersehen, dass sich Reichspräsident Friedrich Ebert von Anfang an monatlich Informationen über den Stand der Wirtschaft vorlegen ließ.[203] Das Kaiserliche Statistische Amt wurde in »Statistisches Reichsamt« umbenannt.

Die plötzlich starke politische Nachfrage nach statistischen Daten erklärt sich schlicht daraus, dass man solche Informationen dringend brauchte: Die Probleme der Demobilisierung, die notwendige Belebung der wirtschaftlichen Aktivitäten, die Reintegration der deutschen Wirtschaft in den Welthandel, die Bekämpfung des Hungers sowie die sich abzeichnenden beispiellosen Reparationsforderungen der Alliierten machten die Kenntnis der genauen Zahlen unabdingbar. Sie waren allerdings – und darin bestand das Hauptproblem – bisher noch nie erhoben worden.

Der Zustand der Wirtschaft war eine große Unbekannte, das »Vakuum an Wissen war fast vollständig«.[204] Es gab keinen brauchbaren Indikator für Inflation, die Handelsdaten waren unvollständig, die Arbeitslosenzahlen galten als wenig verlässlich, Informationen zur Beschäftigungsquote, zur Produktion und zu den Einkünften fehlten. Gerade die Statistik der Preise und der Einkommen war aber besonders wichtig. Anhand der Preise konnten Informationen über die Lebenshaltungskosten gewonnen werden, anhand der Einkünfte Informationen darüber, wie viele Menschen unterhalb des Existenzminimums leben mussten. Beide Daten waren von der wilhelminischen Verwaltung eher stiefmütterlich behandelt worden. Die genaue

203 Ebd., S. 79.
204 Ebd., S. 84.

Höhe der Industrieeinkünfte war unbekannt. Vorherige Versuche, das Lohn- und Gehaltsniveau zu ermitteln, waren am erbitterten Widerstand der Industrie und der Unternehmer gescheitert, die fürchteten, die Ergebnisse könnten den Sozialdemokraten Argumente liefern.[205]

Diese Daten sollten nun in aufwändigen Verfahren ermittelt werden. Einen Lebenshaltungsindex hatten kurz nach dem Krieg viele Städte selbst erstellt, einen nationalen Index gab es allerdings noch nicht. Als dieser 1920 berechnet wurde, zeigte sich, dass sich die Lebenshaltungskosten im Vergleich zur Vorkriegszeit verdreizehnfacht hatten. Der sogenannte Reichsindex wurde seitdem regelmäßig erstellt, aber auch ihn versuchten Wirtschaftsverbände immer wieder zu sabotieren. Beispielsweise weigerten sich die Vertreter der Textilindustrie, Informationen über die Kosten für Kleidung bereitzustellen; das Fehlen dieser Informationen wiederum wurde als Beleg für die mangelnde Glaubwürdigkeit des Index angeführt, der die Kosten für die arbeitende Bevölkerung klar unterschätze.[206] Ab Mitte der zwanziger Jahre wurde der Reichsindex jedoch zu einer statistischen Information, die auch politische Wellen schlug, da die Parteien versuchten, die ermittelten Daten für ihre Zwecke zu nutzen.

Als noch schwieriger erwies sich die Ermittlung von Löhnen und Gehältern. Die entsprechenden Erhebungen wurden von den Gewerkschaften enthusiastisch unterstützt, stießen jedoch bei der Großindustrie weiterhin auf starken Widerstand, die zum Boykott aufrief und durch ihren Einfluss die politische Entscheidung im Reichstag verschleppte. Mit der einsetzenden Inflation 1922 waren die bisher ermittelten Zahlen wertlos. Erst mit dem En-

205 Ebd., S. 90.
206 Ebd., S. 95.

de der Hyperinflation konnte wieder begonnen werden, aussagefähige Statistiken zu erheben. Die Erfassung der Einkommen blieb aber weiterhin politisch sensibel. Das lag nicht zuletzt an der zunehmenden Konzentration der deutschen Wirtschaft in Konzerne, die nicht nur unübersichtliche Eigentumsverhältnisse schufen, sondern auch alles daransetzten, wichtige Einkommensinformationen zu verschleiern. Die wenigen Erhebungen, die dennoch für einzelne Industriezweige durchgeführt werden konnten, zeigten, dass eine große Lücke zwischen den tatsächlich gezahlten und den verhandelten Löhnen klaffte.

Eine entscheidende Zäsur in der Entwicklung der Statistik und damit auch der Volkseinkommensstatistik der Weimarer Republik stellt die Gründung des Instituts für Konjunkturforschung (IfK) im Jahre 1925 dar. Sie geht auf den Direktor des Statistischen Reichsamtes Ernst Wagemann zurück. Das von Wagemann geleitete Institut sollte Arbeiten zur Theorie der Konjunkturbeobachtung und der Konjunkturzyklen mit empirischer Forschung verbinden, Daten erheben, auswerten und analysieren und die gewonnenen Ergebnisse und Statistiken publizieren, um so Rückschlüsse auf den Zustand der Wirtschaft zu ermöglichen. Außerdem sollte es später, was dem Statistischen Reichsamt untersagt war, Trends identifizieren und Entwicklungen vorhersagen. Damit war der Wunsch verbunden, dass wirtschaftsstatistische Expertise die Politik stärker beeinflussen könnte und sollte. Das NBER in New York war eines der Vorbilder des Instituts.[207] Charakteristisch für das

207 Adam Tooze, »Weimar's Statistical Economics: Ernst Wagemann, the Reich's Statistical Office, and the Institute for Business-Cycle Research, 1925-1933«, in: *The Economic History Review* 52/3 (1999), S. 523-543, hier S. 527.

IfK war jedoch, dass es dem Reichsamt angegliedert und damit noch Teil der amtlichen Statistik war, auch wenn es wie eine unabhängige Forschungseinrichtung agierte.

Das IfK publizierte seine Konjunktur-, Markt-, Länder- und Sektoranalysen in verschiedenen Publikationsformen, erst vierteljährlich, dann auch wöchentlich. Die optische Aufbereitung der Daten mit Graphiken und Schaubildern war für die damalige Zeit äußerst fortschrittlich und wurde von der Presse übernommen.[208] War die Ökonomie bis dahin eher eine politikferne akademische Disziplin gewesen, so sprach man ihr nun eine neue Praxisrelevanz zu: Die Konjunkturforschung sollte explizit der Wirtschaftspolitik dienen. Vom Institut wurde erwartet, mithilfe von Datenerhebungen und unterschiedlichen Indizes den Zustand der Wirtschaft so zu beschreiben und ihre Entwicklung zu prognostizieren, wie man das Wetter durch das Ablesen des Barometers vorhersagen konnte (als *Harvard-Barometer-Methode* war dieses Vorgehen damals bekannt) – eine Hoffnung, die sich wegen der Fülle unterschiedlicher Parameter jedoch kaum verwirklichen ließ. Dabei war, wie Adam Tooze detailliert dargestellt hat, Wagemann stark von Joseph Schumpeters Arbeiten zu den Konjunkturzyklen beeinflusst und verstand die Wirtschaftsaktivitäten als ein System ineinandergreifender Waren- und Geldströme. Er konzipierte ein System von algebraischen Beziehungen, das es ermöglichen sollte, diese Ströme statistisch zu erfassen. Damit kam er der sich später durchsetzenden keynesianischen Darstellung der Volkswirtschaftlichen Gesamtrechnungen ziemlich nahe.

Die Berechnung des Volkseinkommens wurde ab 1926 vom Institut ausgewiesen. Dies war ein Politikum. Zum ei-

208 Rolf Krengel, *Das Deutsche Institut für Wirtschaftsforschung* (Institut für Konjunkturforschung) 1925-1979, Berlin 1986, S. 12 ff.

nen ging es dabei noch um die Schätzung der Mittel, die zur Zahlung der Reparationen zur Verfügung standen, zum anderen stritten Arbeitgeber- und Arbeitnehmervertreter darüber, wie viel vom Einkommenskuchen der jeweiligen sozialen Gruppe zur Verfügung stehen sollte. Auch die Berechnung des IfK beruhte auf Steuerdaten, die nun – da in der Weimarer Republik eine flächendeckende Einkommensteuer eingeführt worden war – leichter zugänglich waren. Die Daten des Volkseinkommens waren ein wichtiger Bestandteil der Konjunkturanalyse des Instituts, jedoch keine politische Steuerungsgröße, sie wurden auch nicht als offizielle Zahlen des Reichsamtes veröffentlicht.

Unter den deutschen Ökonomen war das Volkseinkommen zu diesem Zeitpunkt nach wie vor ein höchst umstrittenes Konzept. Auf der Jahrestagung des Vereins für Socialpolitik in Wien kam es 1926 zu heftigen Diskussionen über Sinn und Unsinn entsprechender Erhebungen. Zwar wiesen einige der anwesenden Statistiker vorsichtig darauf hin, dass die Volkseinkommensberechnung einen Erkenntnisgewinn bieten könne, doch die kritischen Stimmen überwogen. Nicht nur, dass man sich an gewissen methodischen Definitionen wie der des Einkommens störte – die Grundidee, dass man die Komplexität der Wirtschaftsbeziehungen auf eine Zahl reduzieren könnte, lehnte die Mehrzahl der Standesvertreter vehement ab. Einer von ihnen bilanzierte: »Nach unserer Kritik wird wohl der letzte Rest von Hochachtung gegenüber Versuchen, eine einfache Summe für Volkseinkommen und Volksvermögen zu nennen, verschwunden sein. Diese Versuche haben nur Wert für politische Stimmungsmache.«[209]

209 Karl Diehl et al., »Diskussionsprotokoll bei der Sitzung des Ständigen Unterausschusses«, in: Karl Diehl (Hg.): *Beiträge zur Wirtschaftstheo-*

Eine solche kritische Haltung machte sich lange bemerkbar. Auch der in Amerika lehrende Österreicher Joseph Schumpeter wiederholte noch in den späten dreißiger Jahren die unter Ökonomen verbreitete Skepsis bezüglich des Volkseinkommens: »Die üblichen Schwierigkeiten, die wir alle erfahren, wenn wir das Volkseinkommen definieren wollen, sind natürlich dem Umstand geschuldet, dass es kein technischer Begriff ist, der nur auf eine Weise benutzt wird, sondern ein Wort der Umgangssprache, das für viele Anwendungen Einsatz findet, die nicht von einer einzigen Definition abgedeckt werden können.«[210] Erst 1932 unternahm das Statistische Reichsamt eine offizielle und umfassende Volkseinkommensschätzung, die vorrangig den Lebensstandard der Bevölkerung beschreiben sollte.[211] Die Einkommensstatistik bezog sich auf die Jahre 1891-1913 und 1925-1931. Das Jahr 1913 war für die Statistiker besonders interessant, weil es als Basis sowohl für die Schätzung der Kriegsschäden als auch für Vergleiche mit weiter zurückliegenden Werten dienen konnte. Die Statistik wurde bis in das Jahr 1938 fortgeführt.

Die Daten zur Einkommensverteilung, die so entstanden, gehörten zu den präzisesten in der Welt. Allerdings

rie. Teil 1. Volkseinkommen und Volksvermögen (= Schriften des Vereins für Socialpolitik, Band 173/1), München/Leipzig 1926, S. 143-156, hier S. 156. Vgl. für eine ausführliche Analyse dieses Streits Daniel Speich Chassé, *Welt des Bruttosozialprodukts. Globale Ungleichheit in der Wissensgeschichte der Ökonomie*, unveröffentlichte Habilitationsschrift, Zürich 2012. Das Zitat Diehls findet sich auf S. 60.

210 Joseph Schumpeter, *Business Cycles. A Theoretical, Historical, and Statistical Analysis of the Capitalist Process*, Band 2, New York 1939, S. 561.

211 Stefan Hauf/Klaus Voy, »Produktions- und Einkommensbegriffe der Volkswirtschaftlichen Gesamtrechnungen«, in: Klaus Voy (Hg.), *Kategorien der Volkswirtschaftlichen Gesamtrechnungen. Band 4. Zur Geschichte der Volkswirtschaftlichen Gesamtrechnungen nach 1945*, Marburg 2009, S. 149-176, hier S. 150.

wurden sie weiterhin nur mithilfe der Einkommensmethode berechnet und waren nur von historischem Interesse. Das Volkseinkommen war keine Kenngröße, die zur Planung oder zur Prognose taugte, sondern machte lediglich darstellbar, wie sich die Einkommen in den vergangenen Jahren entwickelt hatten.

Was für eine vollständige statistische Erfassung der wirtschaftlichen Aktivität fehlte, waren Daten zur industriellen Produktion. Während in England und den USA regelmäßig umfassende Industriebefragungen durchgeführt wurden, war dies in Deutschland aus den genannten Gründen schwierig. Wagemann begann mit den Vorbereitungen für den ersten Produktionszensus, der in den späten zwanziger Jahren durchgeführt werden sollte, um die Daten zur Produktion mit den Einkommensdaten des Volkseinkommens abgleichen und umfassende Volkswirtschaftliche Gesamtrechnungen erstellen zu können. Zwar zögerten die Planungen sich so lange hinaus, bis die einsetzende Weltwirtschaftskrise die weitere Durchführung des Industriezensus unmöglich machte, aber immerhin hatte Wagemann, ein begnadeter politischer Netzwerker, es vermocht, die historisch gewachsenen Vorbehalte der Unternehmer und Industriellen bezüglich der Statistik zu zerstreuen.

Wagemann positionierte das Institut, in dessen Kuratorium wichtige Industrievertreter saßen, als eine Institution, die *glaubwürdige* und *zuverlässige* Daten produzieren und daher *unabhängig* und *wissenschaftlich* – losgelöst von den politischen Konflikten der damaligen Zeit – wichtige Entscheidungsgrundlagen bieten konnte. Im Gegenzug stellten die Industrie- und Unternehmervertreter dem Institut zumindest fallweise ihre Daten zur Verfügung.

Wagemann hing lange der Theorie der Wirtschaftszyklen an, der zufolge die Konjunktur einer geradezu natürlich verlaufenden Wellenbewegung unterworfen war. Deshalb erkannte er, wie viele andere auch, in der Weltwirtschaftskrise keine Strukturkrise. Das IfK erwartete noch bis 1932, dass sich die Situation bald von selbst erholen werde.[212] Erst dann vertrat das Institut die Position, dass direkte Eingriffe der öffentlichen Hand in den Wirtschaftskreislauf eine Option zur Glättung von wirtschaftlichen Ungleichgewichten sein könnten.[213] Dem Volkseinkommen kam in der Kreislaufanalyse eine besondere Rolle zu, wies doch dessen Ausweitung meist darauf hin, dass mehr Arbeitsplätze geschaffen worden waren und sich die Wirtschaft stabilisierte.

Das Institut wurde der Erwartung, mithilfe der Erfassung wirtschaftlicher Daten die künftige ökonomische Entwicklung präzise vorhersagen zu können, nicht gerecht, auch wenn die Aufbereitung der Daten fortschrittlich war und neue, empirisch fundierte Erkenntnisse gestattete. Zwar wurde den Wirtschaftsdaten im Laufe der Krise eine immer größere öffentliche und politische Aufmerksamkeit zuteil, das IfK selbst geriet aber mit der Regierung von Reichskanzler Brüning in offenen Streit darüber, ob die Krise durch eine (vom Institut befürwortete) expansive Nachfragepolitik der Regierung oder durch Deflation (wie es Brüning und seine Berater vorsahen) zu bekämpfen sei. Auch die Position, die das Institut als verlängerter Arm des Amtes und damit fast unangefochtener Lieferant von Wirtschaftsdaten spielte, war politisch umstritten. Die Nationalsozialisten hingegen zeigten anfangs

212 Ernst Wagemann, *Struktur und Rhythmus der Weltwirtschaft. Grundlagen einer weltwirtschaftlichen Konjunkturlehre*, Berlin 1931.

213 Krengel, *Das Deutsche Institut*, S. 25; vgl. aber Tooze, *Statistics and the German State*, S. 144.

ein großes Interesse an Zahlen, mit denen sie die Unfähigkeit des Weimarer Regimes beweisen wollten.[214]

Wirtschaftsstatistik und Nationalsozialismus

Mit der Regierungsübernahme der Nationalsozialisten wurde Wagemann aufgrund einer politischen Intrige von seinem Posten als Direktor des Reichsamtes abgelöst, konnte aber Direktor des IfK bleiben. Das Institut selbst wurde administrativ vom Reichsamt getrennt. Im Zuge der einsetzenden Wiederaufrüstung und Kriegsplanung stieg der Bedarf an brauchbarem Zahlenmaterial und empirischen Planungsgrundlagen. Aber die unübersichtliche Ämter- und Entscheidungsvielfalt im Nationalsozialismus, das Nebeneinander offizieller Behörden und davon losgelöster Parteiorgane und Institutionen wirkte sich auch auf das Gebiet der Statistik aus.

Die Volkseinkommensstatistik spielte weder in der politischen Rhetorik der Nazis noch in ihren wirtschafts- und wehrpolitischen Entscheidungsprozessen eine Rolle. In der deutschen Berechnung des Volkseinkommens wurde auch zwischen den Aktivitäten des Staates, die dem Endverbraucher und Konsumenten direkt zur Verfügung standen, und denen, die eher als Zwischenprodukte, Produktionsinputs oder Kosten anzusehen waren, unterschieden. Zur Berechnung des Volkseinkommens musste man daher Einblick in Daten zu den Staatsausgaben haben. Das gestaltete sich aber zunehmend schwieriger.[215] Informationen über die Staatsausgaben wurden als geheim eingestuft, so dass das Reichsamt im Jahre 1938 seine regel-

214 Tooze, *Statistics and the German State*, 152ff.
215 Ernest Doblin, »Measuring German National Income in Wartime«, in: *Studies in Income and Wealth* 8 (1946), S. 175-194.

mäßigen Schätzungen des Volkseinkommens einstellen musste.[216] Überhaupt wurde die liberale Praxis der Veröffentlichung von Wirtschaftsdaten mehr und mehr eingeschränkt, die meisten Statistiken galten von nun an als Verschlusssache.

Immerhin konnte der schon lange geplante Industriezensus 1936 endlich realisiert werden. Es war den Statistikern gelungen, die neuen Machthaber davon zu überzeugen, dass die immer noch fehlenden Produktionsdaten entscheidend für die geplante Aufrüstung waren und dass es möglich sei, mit ihrer Hilfe den Verbrauch und den Bedarf von kriegswichtigen Rohstoffen zu berechnen.

Da in der Nazizeit verschiedene Institutionen um die Hoheit über die Zahlen wetteiferten, verlor das Statistische Reichsamt zusehends seine Rolle als Datenmonopolist der Regierung. Es litt auch unter den ehrgeizigen persönlichen Plänen und Zielen einiger dem Regime ergebener Statistiker. Die Abteilung für Industrielle Produktionsstatistik, die Görings Rohstoff- und Devisenstab zuarbeitete, wurde 1938 als »Reichsamt für wehrwirtschaftliche Planung« aus dem Statistischen Reichsamt herausgelöst.[217] Es sollte dem Regime die notwendigen Informationen für die Kriegsplanung zur Verfügung stellen. Allerdings wurde das neue Amt diesem Anspruch nicht gerecht: Bei der Auswertung von Industriedaten in Tabellen, die nicht auf Preisen, sondern auf Mengen basierten, verzettelte es sich im wahrsten Sinne des Wortes und brachte kaum brauchbare Ergebnis-

216 Tooze, *Statistics and the German State*, S. 190.

217 Rainer Fremdling/Reiner Stäglin, *Der Industriezensus von 1936 als Grundlage einer neuen volkswirtschaftlichen Gesamtrechnung für Deutschland*, Thünen Series of Applied Economic Theory, Working Paper 41, Universität Rostock 2003, S. 9.

se zustande, auch wenn es seine Zusammenfassungen als *Volkswirtschaftliche Gesamtbilanz* bezeichnete.[218]

Die unübersichtlichen Zuständigkeiten für rüstungsrelevante Daten hatten dazu geführt, dass die Unternehmen mit Fragebögen von unterschiedlichen Stellen überhäuft wurden und zunehmend darüber klagten, dass zu viele Kapazitäten für die Herausgabe von Informationen verschwendet würden.[219] Ein 1939 eigens geschaffener Statistischer Zentralausschuss, der Göring unterstand, musste von nun an jede Befragung genehmigen.

Die Irrationalität, mit der die Nazis ihre Kriegsziele verfolgten, spiegelte sich in institutioneller Unübersichtlichkeit wider. Weder eine effiziente zentrale Planung war so möglich, noch ließ sich eine genaue Kenntnis über die einzelnen Vorgänge in der Wirtschaft erlangen. Aus wirtschaftlicher Sicht wurde der Krieg auf einer Ad-hoc-Basis geplant.[220] Das System der wirtschaftlichen Statistik in Deutschland war konfus und fragmentiert. Immer mehr Militärstellen erhoben eigene Statistiken – mit häufig divergierenden Ergebnissen.

Nachdem die Ostfront zum Stillstand gekommen war und immer gravierendere Munitionsengpässe auftraten, beauftragte Hitler den neuen Leiter des Reichsministeriums für Bewaffnung und Munition, Albert Speer, mit einer effektiveren Planung der wirtschaftlichen Bedürfnisse. Speer, der die Nachfolge des im Februar 1942 bei einem Flugzeugabsturz verstorbenen Fritz Todt angetreten hatte, rief die sogenannte Zentrale Planung ins Leben. 1943 wur-

218 Ebd., S. 10.

219 British Intelligence Objective Subcommittee (BIOS), *Symposium of Interrogations and Reports on German Methods of Statistical Reporting*, Final Report No. 273, London 1946, S. 74.

220 Tooze, *Statistics and the German State*, S. 248.

de dann das Reichsministerium für Bewaffnung zum Ministerium für Rüstung und Kriegsproduktion.

Ziel der Umstrukturierungen war es, ein Informationssystem zu entwickeln, das verlässliche Planungen ermöglichen würde. Eine Schlüsselposition nahm dabei das Reichswirtschaftsministerium ein, das sich auf die Expertise des IfK besann und dieses nach fast zehnjährigem Nischendasein wieder an der Regierungsarbeit beteiligte. Das Institut war 1941 in Deutsches Institut für Wirtschaftsforschung (DIW) umbenannt worden. Klassische Konjunkturforschung erschien nicht länger opportun – die nationalsozialistische Politik hatte das Ende der konjunkturellen Schwankungen der Märkte versprochen. »Konjunktur« war zu einem politisch aufgeladenen Begriff geworden.[221] Das Institut wurde die wichtigste Datenquelle für die Planung der Kriegswirtschaft.

Entscheidend war dabei Rolf Wagenführ, der seit den 20er Jahren beim IfK arbeitete und nun im DIW die Forschungsabteilung Industriewirtschaft leitete.[222] Hans Kehrl, seit 1943 Chef des Rohstoffamtes im Rüstungsministerium, setzte durch, dass Wagenführs Abteilung nur noch für sein Ministerium tätig war. Wagenführ wurde mit der Schaffung einer Hauptabteilung Planstatistik im Planungsamt des Ministeriums beauftragt. Bis zu diesem Zeitpunkt war die Rüstung des Deutschen Reiches nicht effektiv statistisch erfasst worden. Wagenführ sollte nun »alles, was man in Zahlen fassen konnte«, erheben und sich dabei mit Fachleuten in den unterschiedlichen Rüstungszwei-

221 Krengel, *Das Deutsche Institut*, S. 64 und S. 67. Siehe auch: DIW Deutsches Institut für Wirtschaftsforschung, *Gelehrtenrepublik und Denkfabrik. Das Deutsche Institut für Wirtschaftsforschung 1925-2012*, Berlin 2012, S. 21.

222 Krengel, *Das Deutsche Institut*, S. 45.

gen und Organisationen abstimmen. Die Zusammenarbeit funktionierte reibungslos, zumal viele der von Wagenführ befragten Statistiker vormals beim Reichsamt oder beim DIW beschäftigt und »von ihrer Arbeit besessen« waren.[223] Wagenführ entwickelte sich zur zentralen Figur der Rüstungsstatistik. In den letzten Kriegsmonaten wurde er stellvertretender Leiter des Instituts.

Der Wunsch nach einer genauen Planungsgrundlage nahm so extreme Formen an, dass auf Kehrls Weisung hin versucht wurde, die Materialflüsse auf großen Schaubild-Tabellen zu drucken und in einem einzigen Raum in Form von triptychonähnlichen Altarbildern zu präsentieren. Neben den Informationen zu ausgewählten Industrien sollte ein *Generalschrank* die aggregierten Daten zur Gesamtwirtschaft sowie Informationen über das Volkseinkommen enthalten. Die Daten sollten vom Institut produziert und ausgewertet werden.

Der Versuch, Informationen zu zentralisieren und einen Gesamtüberblick über die Wirtschaft zu ermöglichen, hat wohl selten solch extreme Formen angenommen. Hier sollte das Bild der Vogelperspektive auf die Wirtschaft, das Milton Gilbert für die Bruttosozialproduktberechnung genutzt hatte, physisch umgesetzt werden. Wie Tooze feststellt, war die Konzentration der Daten auf einen Raum und auf ein einziges Medium – die Schautafeln des »Altars« – auch ein Zeichen der Macht.

Allerdings blieb es bei der totalitären Vision: Zwar existierte der Raum, in dem all diese Informationen gesammelt werden sollten, 1943 tatsächlich, nicht aber die Informationen, die man dort hätte präsentieren können – das vorhan-

223 Hans Kehrl, *Krisenmanager im Dritten Reich – 6 Jahre Frieden – 6 Jahre Krieg – Erinnerungen*, Düsseldorf 1973, S. 12; vgl. auch Krengel, *Das Deutsche Institut*, S. 68.

dene Datenmaterial war lückenhaft, disparat und für Planungszwecke wenig brauchbar.[224]

Nachdem das Wirtschaftsministerium bei einem Bombenangriff getroffen worden und eine Vielzahl wichtiger Unterlagen verloren gegangen war, war das Institut praktisch Herr über alle Informationen zur deutschen Wirtschaft. Der Rest des Statistischen Reichsamtes, das mittlerweile »Statistische Leitstelle« hieß, führte nur noch Routinearbeiten durch.[225]

Wie das Bruttosozialprodukt nach Deutschland kam

Kurz vor Kriegsende gab die Air Force der Vereinigten Staaten eine Untersuchung über die exakten Folgen der alliierten Fliegerangriffe auf Deutschland in Auftrag. Alles was man über die Effekte der Flächenbombardierungen wusste, entstammte den Augenzeugenberichten der Bombenbesatzungen und den Informationen aus Aufklärungsflügen. Aus diesen Quellen ließen sich keine genauen Einschätzungen gewinnen. Daher wurde 1944 der United States Strategic Bombing Survey ins Leben gerufen, der die Folgen der Zerstörungen unabhängig und möglichst präzise erfassen sollte.

Der Ökonom John Kenneth Galbraith erhielt den Auftrag, die Kriegsmobilisierung der deutschen Wirtschaft sowie deren Zerstörung statistisch zu erfassen. Er hatte in Harvard gelehrt, war ein Freund Milton und Richard Gilberts und wie sie überzeugter Keynesianer. Bis 1943 war er im Office of Price Administration leitend tätig gewesen, zu dessen wichtigsten Aufgaben die Analyse der Daten der Bruttosozialproduktschätzung gehörte. Galbraith

224 Tooze, *Statistics and the German State*, S. 268.
225 Ebd., S. 273.

war so eng mit der Berechnungsmethode vertraut, dass sie, wie er schrieb, spätestens seit 1942 Teil seines »Blutkreislaufs« geworden sei.[226]

In dem Team, das ihn unterstützte, waren illustre Namen versammelt. Viele von Galbraiths Mitarbeitern sollten noch von sich reden machen: Nicholas Kaldor etwa, gebürtiger Ungar und später weltberühmter Ökonom in Cambridge; Tibor Scitovsky, ebenfalls aus Ungarn, der in *The Joyless Economy* in den siebziger Jahren den Wachstums- und Konsumfokus der amerikanischen Gesellschaft kritisieren sollte; oder Ernst Friedrich Schuhmacher, ein ausgewanderter Deutscher, dessen Buch *Small is Beautiful* im selben Jahr wie das von Scitovsky erschien und zu einer Bibel der Anti-Wachstumsbewegung wurde. Ein weiterer Mitarbeiter, Paul Baran, gebürtiger Russe und der wohl bekannteste amerikanische Neo-Marxist der Nachkriegszeit (und sicherlich der einzige mit Tenure-Professur, wie Galbraith bemerkte), veröffentlichte 1957 mit *The Political Economy of Growth* ebenfalls einen Klassiker der wachstumskritischen Literatur. Auch Edward Denison war mit von der Partie, neben Milton Gilbert ein weiterer Protagonist der amerikanischen Bruttosozialproduktberechnung.[227]

Galbraith organisierte seine »volkswirtschaftliche Fakultät«, wie er seinen Trupp scherzhaft nannte, nach Sektoren und orientierte sich dabei an der Klassifizierung der amerikanischen Methode der Bruttosozialproduktberechnung. Für jeden wirtschaftlichen Sektor des Deutschen

226 John Kenneth Galbraith, »The National Accounts: Arrival and Impact«, in Norman Cousins (Hg.): *Reflections of America. Commemorating the Statistical Abstract Centennial*, Washington 1980, S. 75-80, hier S. 77.

227 John Kenneth Galbraith, *A Life in Our Times. Memoirs*, Boston 1981, S. 199.

Reichs sollten zunächst Daten zur Produktion ermittelt werden. Danach sollte der Einfluss der Bombardierungen auf das Gesamtprodukt und anschließend heruntergebrochen auf die jeweiligen Sektoren und Schlüsselindustrien berechnet werden.

In den letzten Kriegswochen wurden die Mitglieder der Galbraith-Gruppe alliierten Einheiten zugeteilt, die in Deutschland kämpften. Sie sollten vor Ort Zahlen sammeln und in Erfahrung bringen, welche Institutionen und welche Entscheidungsträger man unbedingt befragen musste. Dabei wurde schnell klar, dass man ein Gesamtbild der deutschen Wirtschaft benötigte und dafür auf das Wissen von Experten angewiesen war, welche die vorhandenen Zahlen und Statistiken interpretieren konnten.

Galbraith verhörte Hermann Göring und Albert Speer, Scitovsky und Kaldor interviewten im Mai 1945 Karl-Otto Saur, der Staatssekretär in Speers Ministerium gewesen war. Saur erklärte ihnen, dass sich in Leipzig wichtige Unterlagen zur Rüstungsproduktion befänden. Kurz bevor die Rote Armee die Kontrolle über die Stadt übernahm, gelang es Scitovsky und Kaldor, die Unterlagen zu sichern.[228]

Galbraiths Team schlug sein Hauptquartier in Bad Nauheim bei Frankfurt am Main auf, wohin während des Krieges Teile des Reichsamtes für Statistik ausgelagert worden waren, insbesondere die Statistiken zum Maschinenpark der Reichsgruppe Industrie.[229] Eine Person, die für den Erfolg von Galbraiths Arbeit offensichtlich unentbehrlich sein würde, war Rolf Wagenführ.

228 Maddison, *Contours*, S. 32.

229 Hildegard Bartels/Utz-Peter Reich/Heinrich Lützel, »Aus den Anfängen der westdeutschen Volkswirtschaftlichen Gesamtrechnungen nach dem Krieg«, in: Voy, *Kategorien der Volkswirtschaftlichen Gesamtrechnungen*, S. 512.

Wagenführ war als einer der wenigen führenden Köpfe der Wirtschaftsbehörden in Berlin geblieben und gleich nach dem Ende der Kampfhandlungen von den Sowjets vereinnahmt worden. Er sollte die Statistik der Sowjetzone aufbauen. Für die russischen Machthaber war Wagenführ kein Unbekannter. In seinen ersten wissenschaftlichen Publikationen hatte er sich mit der sowjetischen Statistik auseinandergesetzt. Einigen galt er sogar als *»roast beef Nazi«* – außen braun, innen rot.[230] Als er erfuhr, dass die Amerikaner ihn befragen wollten, verlegte Wagenführ seinen Aufenthaltsort kurzerhand vom Westteil in den russischen Sektor der Stadt.

Galbraith beauftragte Paul Baran, Wagenführ nach Bad Nauheim zu bringen. Baran hatte in Berlin studiert und danach einige Jahre in der Sowjetunion gearbeitet, bevor er dort wegen »anhaltender Disziplinlosigkeit« verfolgt wurde und flüchten musste. Er scharte eine kleine Gruppe von Männern um sich, die ihn begleiteten; sie fuhren nach Berlin, kidnappten dort Wagenführ nachts aus seinem Ehebett heraus und flogen ihn nach Bad Nauheim.

Allerdings hatte man nicht damit gerechnet, wie heftig die sowjetische Reaktion auf die Entführung ausfallen würde. Marschall Schukow persönlich wandte sich an General Eisenhower, der über den Vorfall mehr als erbost war. Als Galbraith überlegte, wie man Wagenführ nach der Befragung wieder den Russen überstellen könnte, meldete sich ein weiteres Mitglied der Gruppe zu Wort: Jürgen Kuczynski. Der in Wuppertal geborene Sohn eines berühmten Wirtschaftsstatistikers war als KPD-Mitglied ins Exil nach England gegangen und in London vom amerikanischen Geheimdienst Office of Strategic Services (OSS) re-

230 Galbraith, *A Life in Our Times*, S. 222.

krutiert worden. Er kannte Wagenführ aus gemeinsamen Berliner Tagen und bot sich an, ihn zu begleiten, angeblich, weil er wissen wollte, ob seine eigene Bibliothek und seine Wohnung noch existierten.

In Berlin wurden beide von den Sowjets mit offenen Armen empfangen.[231] Kuczynski beendete noch die Arbeit für Galbraith und siedelte dann nach Ost-Berlin über. Er machte in der DDR eine einzigartige Karriere als Wissenschaftler und wurde einer der bekanntesten Intellektuellen mit direktem Einfluss auf höchste politische Kreise. Wagenführ stand ebenfalls eine steile Karriere bevor, allerdings auf der anderen Seite des Eisernen Vorhangs: Er verließ Berlin und wurde zunächst mit der Statistik der britischen Zone betraut. Später leitete er unter anderem die Statistische Abteilung bei der Montanunion, erhielt einen Lehrstuhl für Statistik in Heidelberg und war der erste Direktor des Statistischen Amtes der Europäischen Gemeinschaft, heute Eurostat. In einer Gedenkschrift zu seinen Ehren nannte Kuczynski, der mit ihm zeitlebens in Kontakt blieb, Wagenführ einen »edlen Ritter der Statistik«.[232]

Wagenführ erwies sich für Galbraith als unglaubliche Datenquelle.[233] Seine Informationen lieferten die fehlenden

231 Ebd., S. 222.

232 Jürgen Kuczynski, »Rolf Wagenführ: Ein edler Ritter der Statistik«, in: Günter Menges/Reiner Zwer (Hg.): *Probleme internationaler wirtschafts- und sozialstatistischer Vergleiche. Rolf Wagenführ zum Gedächtnis*. Köln 1981, S. 11-14. In seinen Erinnerungen beschreibt Kuczynski seine Arbeit beim Survey, spricht offen über seine Abneigung gegenüber Galbraith, verschweigt jedoch die Gründe seiner Reise nach Berlin. Mitteilenswert fand er aber, dass er den Besuch in Berlin nutzte, um Kontakt mit Walter Ulbricht aufzunehmen. Siehe Jürgen Kuczynski, *Memoiren. Die Erziehung des J. K. zum Kommunisten und Wissenschaftler*, Berlin 1972.

233 Wagenführ selbst nutzte die Daten, um später sein Buch *Die Deutsche*

Mosaiksteine, mit deren Hilfe Galbraiths Team die erste Bruttosozialproduktschätzung für Deutschland berechnen konnte.[234] Es entbehrt nicht einer gewissen Ironie, dass sich die meisten, die an dieser Berechnung beteiligt waren, später, nachdem die Methode ihren Siegeszug vollendet hatte, zu deren schärfsten Kritikern entwickelten.

Von den Ergebnissen seiner Berechnungen und Befragungen war Galbraith überrascht. Da auf deutscher Seite kein der Bruttosozialproduktberechnung vergleichbares Instrumentarium existierte, war die Militärführung offenbar gar nicht in der Lage gewesen, das produktive Potential des Landes richtig einzuschätzen geschweige denn zu nutzen. Man hatte zwar eine Unzahl von Daten zusammengetragen, verfügte aber nicht über den passenden Schlüssel, mit dem sich aus ihnen brauchbare Informationen hätten gewinnen lassen können. Dem Bruttosozialprodukt hatten die Deutschen methodisch nichts entgegenzusetzen. In seinem Abschlussbericht schrieb Galbraith daher anerkennend, Kuznets und seine Nachfolger hätten offensichtlich so viel für den Kriegserfolg der Alliierten geleistet wie mehrere Infanteriedivisionen zusammen.[235]

Die deutsche Bruttosozialproduktberechnung

Im Rahmen des Marshallplans (European Recovery Program oder ERP) musste West-Deutschland eine Bruttosozialproduktschätzung vorlegen. Zwar hatte 1947 Ferdinand Grünig, der am immer noch existierenden DIW tätig

Industrie im Kriege 1939-1945 (Berlin 1954) herauszubringen. Siehe auch den Artikel seines alten »Vorgesetzten« im Rüstungsministerium, Hans Kehrl, »Rolf Wagenführ im Institut für Konjunkturforschung«, in: Menges/Zwer, S. 9-10, hier S. 9.

234 Galbraith, *A Life in Our Times*, S. 201.

235 Galbraith, »The National Accounts«, S. 80.

war, eigene Volkswirtschaftliche Gesamtrechnungen erstellt. Das Besondere an der Anforderung der Amerikaner war jedoch, dass die Zahl des Bruttosozialprodukts als *offizielle* Ziffer vorgelegt werden musste. Dies konnte nur eine Behörde leisten, auch wenn es in Deutschland noch keine funktionierende Regierung gab.

Das Bruttosozialprodukt und dessen Berechnungsmethode wurden in Deutschland also durch Druck von außen eingeführt und von Anfang an zur hoheitlichen Aufgabe. Nach dem Krieg musste die amtliche Statistik in Deutschland aber erst mühselig aufgebaut werden. Zerstörungen, die Teilung des Landes, das Entstehen neuer statistischer Ämter in den unterschiedlichen Besatzungszonen, fehlende Unterlagen sowie ein Mangel an Experten erschwerten die Bemühungen, kohärente Statistiken zu erheben. Darüber hinaus waren die modernen Methoden der Bruttosozialproduktberechnung den deutschen Statistikern unbekannt, da sie von den internationalen Debatten um die Berechnung des Volkseinkommens abgeschnitten gewesen waren und die Berechnung des Volkseinkommens in der Nazizeit keine Rolle gespielt hatte. Die Einführung der Volkswirtschaftlichen Gesamtrechnungen war eine »nachholende Modernisierung«.[236]

Im Januar 1948 war für die seit einem Jahr bestehende britisch-amerikanische Bizone das Statistische Amt des Vereinigten Wirtschaftsgebietes in Wiesbaden gegründet worden,[237] das nun das Bruttosozialprodukt berechnen

236 Alexander Nützenadel, *Stunde der Ökonomen. Wissenschaft, Politik und Expertenkultur in der Bundesrepublik 1949-1974*, Göttingen 2005, S. 99.

237 Bis 1950 gab es für die französische Besatzungszone eine eigene statistische Organisation. Erst nach deren Schließung konnte das Statistische Bundesamt gegründet werden.

sollte.[238] Dazu benötigte man jedoch externe Expertise. Zu diesem Zweck wurde 1949 in Cambridge das National Accounts Research Unit unter Leitung von Richard Stone ins Leben gerufen. Einer der beiden Mitarbeiter Stones, Jean-Vitold Marczewski, wurde nach Wiesbaden entsandt, um den deutschen Statistikern die neuartige Methode zu vermitteln.[239] Danach beriet er die statistischen Ämter in Frankreich und Italien.

Als man im Statistischen Amt darangehen wollte, die Berechnungen durchzuführen, ergab sich ein Problem. Im Reichsamt hatte man früher die Volkseinkommensschätzung lediglich anhand der Steuerstatistik durchgeführt. Um nach der neuen Methode das Bruttosozialprodukt für das Jahr 1948 von der Produktionsseite berechnen zu können, musste man die Ergebnisse des Industriezensus von 1936 als Grundlage nehmen und fortschreiben. Auf neuere eigene Daten konnte man nicht warten.[240]

Die Daten des Industriezensus lagen in der Klosterstraße in Berlin-Mitte, wo bis Kriegsende die Abteilung für Industrielle Produktionsstatistik ihren Sitz hatte; Unterlagen aus dem zerstörten Hauptgebäude des Reichsamts waren dorthin verlagert worden. Nach der Teilung Berlins befanden sie sich also im sowjetischen Sektor und waren nicht frei zugänglich.[241] »Die saßen auf den Unterlagen und wir kamen nicht dran«, erinnerte sich die spätere Leiterin des

238 Carsten Stahmer, »Organisatorischer Neuanfang und erste Berechnungen. Frühgeschichte der Volkswirtschaftlichen Gesamtrechnungen in Westdeutschland«, in: Voy, *Kategorien der Volkswirtschaftlichen Gesamtrechnungen*, S. 73-111, hier S. 78 f.

239 François Fourquet, *Les Comptes de la Puissance. Histoire de la Comptabilité Nationale et du Plan*, Paris 1980, S. 173.

240 Gerhard Fürst / Hildegard Bartels, »Social Accounts and Calculation of National Income in Germany (Bizonal Area)«, in: Voy, *Kategorien der Volkswirtschaftlichen Gesamtrechnungen*, S. 527-529, hier S. 528.

241 Stahmer, »Organisatorischer Neuanfang«, S. 74.

Statistischen Bundesamtes Hildegard Bartels. Ratlos berichtete man diesen Umstand dem amerikanischen Kontrolloffizier des Amtes. Dieser galt als besonders »verwegen« und fackelte nicht lange. Er kam auf die Idee, den Sowjets die Unterlagen kurzerhand zu entwenden. Ehemalige Mitarbeiter des Reichsamtes beschrieben ihm genau, wo in dem Gebäude der Klosterstraße die Unterlagen des Industriezensus zu finden wären. Der Offizier brach dort ein und »hat an Literatur alles für uns mitgehen lassen«, so Bartels. »Er war sehr stolz darauf und wir waren ihm außerordentlich dankbar.«[242]

Waren die Amerikaner für ihre Erstberechnung des deutschen Bruttosozialproduktes noch auf die Entführung von Personen angewiesen, reichte bei der ersten amtlichen deutschen Schätzung die Entwendung von Papieren. Die auf dieser Grundlage gemachten Berechnungen wurden 1949 in der vom Statistischen Amt herausgegebenen Zeitschrift *Wirtschaft und Statistik* publiziert. Vorgenommen worden waren sie »vom ERP-Arbeitskreis ›Volkswirtschaftliche Bilanzen‹ [...], dem das Statistische Amt des Vereinigten Wirtschaftsgebietes, die Verwaltungen für Wirtschaft und Finanzen und die Bank deutscher Länder« angehörten. Der entscheidende Satz in dieser ersten Darstellung lautete lapidar: »Die Berechnungsmethoden sind den in den angelsächsischen Ländern üblichen angeglichen worden.«[243] Die amerikanisch-britische Methode begann ihren weltweiten Siegeszug.

Was man genau unter einem Sozialprodukt zu verstehen hatte, musste in Deutschland allerdings erst klargemacht werden:

242 Bartels / Reich / Lützel, »Aus den Anfängen«, S. 512.

243 Otto Schörry, »Volkseinkommen, Sozialprodukt und Zahlungsbilanz des Bundesgebietes im ersten Marshallplanjahr 1948 / 49«, in: *Wirtschaft und Statistik* 1 / 9 (1949), S. 256-261.

»Mit der Berechnung des Volkseinkommens und des Sozialprodukts sucht man einen Gesamtausdruck für die wirtschaftliche Leistung eines Landes, eine Zahlengröße für das Ergebnis der wirtschaftlichen Tätigkeit und die jährliche Versorgung eines Volkes mit Gütern und Annehmlichkeiten des Lebens. Man versteht unter Volkseinkommen oder Netto-Sozialprodukt die Gesamtheit der in Geld bewerteten Güter und Dienstleistungen, die einer Volkswirtschaft nach Erhaltung des anfänglichen Vermögensstandes jährlich für Verbrauch und Investition zur Verfügung stehen.«[244]

Eine erste praktische Anwendung der neuen Zahlen war die Berechnung der Realeinkommen bestimmter Bevölkerungsschichten im Verhältnis zum Sozialprodukt, die 1949 für die »Industriearbeiterschaft« erstmalig durchgeführt und ebenfalls in einem Beitrag in *Wirtschaft und Statistik* publiziert wurde. In Erinnerung an die großen innenpolitischen Spannungen, welche die Untersuchungen zur Einkommensverteilung vor allem in der Weimarer Republik verursacht hatten, bezeichnete das Amt diese Berechnung als »heikel«:

»Das Amt bittet, diesen Beitrag als das zu nehmen, was er ist: als einen Versuch, eine Vorstellung von den wichtigsten *Größenordnungen* zu geben. Damit ist keine Wertung verbunden. Es ist nicht Aufgabe der Statistik zu beurteilen, ob die bisherige Entwicklung sozial erwünscht oder unerwünscht war, ob sie als wirtschaftlich zweckmäßig angesehen werden kann oder nicht.«[245]

Die deutsche Politik zeigte aber zunächst kein besonderes Interesse an den Zahlen. Die positiven praktischen Erfahrungen, die man in den Vereinigten Staaten mit diesem Sys-

244 Otto Schörry, »Volkseinkommen und Sozialprodukt des Vereinigten Wirtschaftsgebiets im Jahre 1936 und im zweiten Halbjahr 1948«, in: *Wirtschaft und Statistik* 1/3 (1949), S. 94-99, hier S. 94.

245 Hildegard Bartels, »Reallohn- und Sozialprodukt«, in: *Wirtschaft und Statistik* 1/4 (1949), S. 66.

tem gemacht hatte, fehlten hier. Selbst die alten Grabenkämpfe der Ökonomen über die Sinnhaftigkeit eines solchen Zahlensystems flammten wieder auf und wurden bis weit in die 1950er Jahre hinein geführt. Der Heidelberger Volkswirt Werner Hofman schrieb, die Zahlen seien »volkswirtschaftliche Miniaturenmalerei«. Die definitionsgemäß ausgeglichenen Salden würden ein Bild »vollkommener Harmonie« zeichnen, das mit den realen Gegebenheiten wenig zu tun habe und nur in der Planwirtschaft existiere.[246]

Auch die Politik brachte die Volkswirtschaftlichen Gesamtrechnungen zunächst mit Planung und Planwirtschaft in Verbindung und betrachtete die Daten mit großer Skepsis – allen voran Wirtschaftsminister Ludwig Erhard.[247] In Frankreich hingegen erkannte man sofort den Nutzen des Zahlensystems. Mit seiner Hilfe konnte man nicht nur den wirtschaftlichen Wiederaufbau planen, sondern, so hoffte man, auch zurück zu internationaler Größe finden und verhindern, dass sich eine Schmach wie die schnelle Niederlage 1940 in Zukunft wiederholen werde. In den Konten der Volkswirtschaftlichen Gesamtrechnungen erkannte man dort *Konten der Macht*.[248]

Die deutsche Reserviertheit verschwand jedoch recht schnell, da die Gesamtrechnungen sich als vielseitig einsetzbares Informationsinstrument erwiesen, mit dem sich Aggregate der Wirtschaft bestimmen ließen, die für die Politik wichtig waren. Das Finanzministerium etwa interessierte sich für die Höhe des Sozialprodukts, weil sich daran die Zahlungen für die geplante, später wieder verworfene Europäische Verteidigungsgemeinschaft (EVG) bemes-

246 Zitiert nach Nützenadel, *Stunde der Ökonomen*, S. 102.
247 Bartels/Reich/Lützel, »Aus den Anfängen«, S. 509.
248 Fourquet, *Les Comptes de la Puissance*.

sen sollten. Außerdem zeigte sich, dass die Statistiken als Grundlage für Steuerschätzungen, den Haushaltsplan und die mittelfristige Finanzplanung genutzt werden konnten.[249] Mit einsetzendem Wirtschaftswachstum verflog die politische Skepsis vollends, das Bruttosozialprodukt wurde endlich zur mächtigsten politischen Zahl und die politische Arithmetik setzte sich auch in Deutschland durch.

249 Bartels/Reich/Lützel, »Aus den Anfängen«, S. 508.

6. Der endgültige Triumph des Bruttosozialprodukts

Transformation, Beschäftigung und Produktivität

Das Bruttosozialprodukt war in der politischen Öffentlichkeit der Vereinigten Staaten ein positiv besetztes Konzept. Man brachte es direkt mit dem militärischen Sieg im Zweiten Weltkrieg in Verbindung. Die dramatische Erhöhung der Rüstungsausgaben von 1942 war Teil des sogenannten *Victory-Programs* von Präsident Roosevelt gewesen.

Die Kriegsstrategie der Amerikaner sah vor, die Gegner durch die massive Produktion von Rüstungsgütern in die Knie zu zwingen, und das Bruttosozialprodukt lieferte die statistischen Informationen, an denen sich die Transformationsleistung der amerikanischen Wirtschaft und die Militärerfolge ablesen ließen. Wie es der Historiker Russel Weigley in seinem Buch *The American Way of War* ausdrückte, war der Zweite Weltkrieg ein »Bruttosozialproduktkrieg«.[250] Das Bruttosozialprodukt stand nicht nur für den wirtschaftlichen, sondern auch für den militärischen und politischen Erfolg. In der unmittelbaren Nachkriegszeit sollte es sich aufs Neue bewähren.

Wie beschrieben, war der amerikanischen Regierung bereits vor dem Ende des Weltkriegs bewusst, dass die Rückkehr zur Friedenswirtschaft erneut eine grundlegende Veränderung der Wirtschaft bedeuten würde. Dass dabei statistische Informationen unverzichtbar sein würden, hatte Roosevelt deutlich gemacht. Milton Gilbert und das De-

250 Russel Weigley, *The American Way of War*, New York 1973, zitiert nach: Robert Collins, *More. The Politics of Economic Growth in Postwar America*, Oxford 2000, S. 12.

partment of Commerce hatten mit dazu beigetragen, dass sich die Idee des Bruttosozialprodukts auch in Friedenszeiten durchsetzen konnte.[251]

Kurz nach Kriegsende wurden die Ausweitung der Produktion und die Steigerung des Bruttosozialprodukts allgemein als notwendig anerkannt. In den Vereinigten Staaten herrschte die Angst, dass es wie zu Zeiten der Großen Depression zu einer politisch kaum kontrollierbaren Massenarbeitslosigkeit kommen könnte. Das sollte um jeden Preis verhindert werden. Dabei spielten auch Befürchtungen eine Rolle, die seit dem späten 19. Jahrhundert in den Köpfen spukten. Zuvor hatte John Stuart Mill beschrieben, dass die Wirtschaft, sobald das Endstadium der industriellen Entwicklung erreicht wäre, nicht weiter expandieren würde. Was Mill jedoch als nüchternes Verlaufsgesetz betrachtete, wurde vor dem Hintergrund der Erfahrungen der Weltwirtschaftskrise zum Albtraumszenario. Hinzu kam, dass die keynesianische Theorie die Annahme zuließ, Stagnation und damit einhergehende chronische Arbeitslosigkeit könnten zum Dauerzustand werden.[252] Allerdings war es eher die akademische Welt, die sich dieser These anschloss. Unter Industriellen und Unternehmern war sie immer umstritten und wurde weitgehend abgelehnt.[253]

In der Steigerung des Bruttosozialprodukts sah man die Möglichkeit, dieser Furcht vor einer wirtschaftlichen Katastrophe entgegenzuwirken. Solange die Produktion ausgeweitet werden konnte, war die Gefahr eines Stagna-

251 Galbraith, »The National Accounts«, S. 76.

252 Ein Szenario, das 1938 vom Harvard-Ökonomen Alvin Hansen prominent beschworen worden war.

253 Colin Clark, *Growthmanship*, Institute for Economic Affairs, Barnet 1961.

tionsgleichgewichts der Wirtschaft ohne weitere Entwicklungsmöglichkeit gebannt.[254] Mit dem *Employment Act* von 1946 wurde die Ausweitung der Produktion zum Regierungsziel; nur so ließe sich Vollbeschäftigung erreichen. Konnte man in den Jahren zuvor an der Bruttosozialproduktstatistik ablesen, wie sich der Ausstoß an Rüstungsgütern steigerte, zeigte in Friedenszeiten die Steigerung der Produktion von Konsum- und Investitionsgütern, dass es möglich war, mehr Arbeitsplätze zu schaffen. Da es bei der Bekämpfung der Arbeitslosigkeit um nicht weniger ging als die Aufrechterhaltung der gesellschaftlichen Kohärenz, konnte das Bruttosozialprodukt auch als Maß für die interne politische und soziale Stabilität eines Landes dienen.

Unter diesen neuen Rahmenbedingungen war der Zahl weiterhin besondere politische Aufmerksamkeit gewiss. Natürlich enthielt auch das Kontensystem der Volkswirtschaftlichen Gesamtrechnungen wichtige statistische Informationen. Aber das Bruttosozialprodukt selbst wurde zur alles entscheidenden Zahl, zu der in einer Zahl ausgedrückten Metapher für den Zustand der Wirtschaft und damit für den Zustand eines Landes, einer Zahl, die aus der politischen Diskussion nicht mehr wegzudenken war.

Der Glaube, dass eine Ausweitung der Produktion, wie man sie zu Kriegszeiten erlebt hatte, auch zukünftig möglich sei und damit Beschäftigung und Wohlstand garantieren werde, entsprach einem historischen Sinneswandel innerhalb des politischen Establishments der Vereinigten Staaten. Die Aussicht auf die Zukunft war nicht länger geprägt von Furcht und Pessimismus, sondern von der Vorstellung einer immer weiter möglichen Verbesserung durch Wachstum.

254 Simon Kuznets, *Toward a Theory of Economic Growth*, New York 1968 [1953], S. 2.

Paradigmatisch dafür war 1945 die Publikation *The Bogey of Economic Maturity* (*Das Schreckgespenst des Reifezustandes*) von George Terborgh, der die These der zwangsläufigen ökonomischen Stagnation zu widerlegen suchte, sowie 1946 Chester Bowles' Buch *Tomorrow without Fear*, in dem Bowles mit klaren Worten beschrieb, dass in der Ausweitung der Produktion der Schlüssel zur zukünftigen Glückseligkeit der amerikanischen Gesellschaft liege. Von der noch während des New Deal vorherrschenden Meinung, dass nicht alle strukturellen und sozialen Probleme durch Wirtschaftspolitik lösbar wären, konnte man sich laut Bowles getrost verabschieden. Dabei ging es ihm weniger um die Expansion im Sinne einer besseren Nutzung brachliegender Kapazitäten, sondern um das damals noch unbekannte Konzept des wirtschaftlichen Wachstums.[255]

Im Rahmen des Employment Act wurde auch der Council of Economic Advisors ins Leben gerufen, ein neuartiges Beratungsgremium des US-Präsidenten, das seine Arbeit 1946 aufnahm. Die wenigsten seiner Mitglieder waren rein akademisch tätige Ökonomen. Meist hatten sie Erfahrungen in der Politik oder in der Privatwirtschaft gesammelt. Sie waren den Ideen des Keynesianismus zugewandt, ohne ihnen blind zu folgen.

Der Council etablierte und festigte das politische Dogma von der Notwendigkeit der wirtschaftlichen Expansion und des Wachstums. Er wurde zum vehementen Fürsprecher dessen, was man später als *growthmanship* bezeichnete: der Vorstellung, das Wachstum des Bruttosozialprodukts solle die allerhöchste politische Priorität

255 Collins, *More*, S. 18.

haben. Wachstum war die entscheidende Größe der Politik – wichtiger als Verteilung oder andere soziale Parameter – und würde die materiellen und sozialen Probleme Amerikas lösen.[256] Politik war demzufolge *politics of productivity*.

Dieser Ansatz war nicht nur im Vergleich zu alten Politikansätzen des New Deal oder des Keynesianismus neu. Vor allem beruhte er nicht auf einer klaren theoretischen Basis. In den ökonomischen Theorien der Zeit war die Idee des Wachstums fast nicht präsent. Sie wurde erst einige Jahre später von den Wirtschaftswissenschaftlern aufgegriffen. Die Berater des Council leiteten ihre Politikempfehlungen aus den Erfahrungen der Kriegs- und unmittelbaren Nachkriegszeit ab und stützten sich dabei auf die Bruttosozialproduktstatistik. Das statistische Wissen, das sie lieferte, stand bei der wirtschaftspolitischen Beratung »an Bedeutung über allem anderen«.[257]

In seinen Veröffentlichungen und Verlautbarungen griff der Rat immer wieder auf die Bruttosozialproduktstatistik zurück und sorgte dadurch für eine weitere Verbreitung des Konzepts im politischen Raum. In seinem regelmäßig publizierten *Nation's Economic Budget* präsentierte der Rat ab 1947 eine an das neue Kontensystem des Department of Commerce angelehnte Kurzfassung der Volkswirtschaftlichen Gesamtrechnungen. Ihr ließ sich nicht nur entnehmen, wie sich das Aggregat des Nationalprodukts zusammensetzte, sondern unter anderem auch, welchen Anteil an seiner Entstehung und Verwendung die privaten Haushalte, die Unternehmen, der Außenhandel und der Staat hatten. Ein Rezensent der *New York Times* schrieb über diese Zahlen 1948 euphorisch: »Dies ist nicht irgendjemandes

256 Ebd., S. 22. Das Zitat stammt von Charles S. Meier.
257 Ebd., S. 32.

hirnrissige Theorie; es ist einfache Arithmetik.«[258] Die Vorstellungen William Pettys und Colin Clarks zur empiriegestützten Politik schienen idealtypisch verwirklicht: Arithmetik kam vor der Theorie und war politisch relevant.

Internationale Harmonisierung

Auch auf internationaler Ebene wurde das Konzept des Bruttosozialprodukts immer wichtiger. Dabei spielte, wie erwähnt, der Marshallplan eine besondere Rolle. Der European Recovery Act, die gesetzliche Grundlage des Plans, sah die Schaffung einer Economic Cooperation Administration (ECA) vor, welche die Hilfezahlungen koordinieren sollte. Geleitet wurde sie von Paul Hoffman, dem ehemaligen Vorstandsvorsitzenden der Studebaker-Automobilbetriebe.

Hoffman hatte 1942 das Comittee for Economic Development gegründet, einen Think-Tank, in dem sich Wissenschaftler und Unternehmer Gedanken über die Lösung wirtschaftlicher Probleme der Kriegs- und Nachkriegszeit machten. Er war ein vehementer Verfechter der Idee, dass Wachstum und Produktivitätssteigerungen eine Friedensökonomie des materiellen Überflusses ermöglichen würden. Während des Krieges hatte Studebaker neben Automobilen auch Flugzeugmotoren und Militärlastkraftwagen hergestellt. Welche Effekte die Transformation hin zur Kriegswirtschaft und die Ausweitung der Produktion hatten, war Hoffman selber bestens bekannt. Seiner Überzeugung nach lag auch die Zukunft Europas in einer Ausweitung der Produktion. Damit war er repräsentativ für die sich in der amerikanischen Politik durchsetzende An-

258 Collins, *More*, S. 35.

sicht, dass das Wachstumsdogma weltweit gelten müsse, vor allem auch im besiegten Deutschland. Gegner dieser Ansicht hatten lange, aber letztlich ohne Erfolg versucht, eine Deckelung der industriellen Expansion für das Nachkriegsdeutschland durchzusetzen.[259]

Das ECA stand vor einer gewaltigen Aufgabe. Es galt, die wirtschaftliche Situation unterschiedlichster Volkswirtschaften Westeuropas einzuschätzen, den Finanzbedarf für den Wiederaufbau zu berechnen und die Folgen der Hilfeleistungen zu überprüfen. Da die Amerikaner im Krieg nicht nur ihre eigene Wirtschafts- und Verteidigungskraft, sondern auch die anderer Ländern mithilfe von Bruttosozialproduktberechnungen eingeschätzt hatten, war es nur ein kleiner Schritt, im Rahmen der zentralisierten Koordination der Wiederaufbauhilfe von den Empfängerländern entsprechende Zahlen sowie Volkswirtschaftliche Gesamtrechnungen einzufordern.[260]

Auf Bestreben der EAC wurde neben der von Richard Stone geleiteten National Accounts Research Unit in Cambridge[261] auch die Organisation of European Economic Cooperation (OEEC) in Paris gegründet, deren Hauptaufgabe außer in der Verteilung der Hilfszahlungen darin bestand, die Vergleichbarkeit der statistischen Informationen sicherzustellen. Stone erhielt außerdem den Auftrag, für die OEEC ein vereinfachtes standardisiertes Kontensystem der Volkswirtschaftlichen Gesamtrechnungen sowie standardisierte Schulungsprogramme zu entwickeln, um

259 Galbraith, *A Life in Our Times*, S. 248.
260 Bartels/Reich/Lützel, »Aus den Anfängen«. S. 507.
261 Richard Ruggles, »United Nations System of National Accounts (SNA) and the Integration of Macro- and Microdata«, in: Nancy Ruggles/Richard Ruggles, *National Accounting and Economic Policy. The United States and UN Systems*, London 1999, S. 497.

die Mitarbeiter der statistischen Behörden mit den Berechnungen vertraut zu machen.

Milton Gilbert spielte dabei ebenfalls eine wichtige Rolle. Mit Stone seit dem Treffen 1944 eng befreundet, leitete er von 1950 bis 1961 die Abteilung für Ökonomie und Statistik bei der OEEC und war dort für die Volkswirtschaftlichen Gesamtrechnungen zuständig.[262] 1952 publizierte die OEEC das Standardised System of National Accounts, auf dessen Grundlage dann das System of National Accounts (SNA) der Vereinten Nationen entstand, das immer wieder angepasst wurde und bis heute als Standarddokument der internationalen Berechnungsharmonisierung gilt.[263]

Zwar entwickelten einige Länder eigene Systeme (Holland, Frankreich, Norwegen), und auch in den USA galt mit den National Income and Product Accounts (NIPA) von 1947 eine etwas andere Konten- und Berechnungslogik als in Großbritannien, wo wiederum die Systematik von Meade und Stone Anfang der 1950er Jahre erneut angepasst wurde. Aber die Abweichungen betrafen lediglich Details; in ihren Grundzügen stimmten die Methoden überein. Vor allem in der Ausrichtung auf die Produkti-

262 Maddison, *Contours*, S. 1.

263 Schon 1939 hatte der Völkerbund damit begonnen, Daten zum Volkseinkommen verschiedener Länder zu sammeln. Durch den Zweiten Weltkrieg wurden diese Arbeiten unterbrochen. Kurz nachdem sich Briten, Amerikaner und Kanadier bezüglich der Volkseinkommensberechnungsmethode abgestimmt hatten, trafen sich im Dezember 1945 die Statistiker des formell noch existierenden Völkerbundes in Princeton, um die Vorkriegsarbeiten wieder aufzunehmen. Auch dort konnte Richard Stone seine Kontenlogik international vorstellen, die von den Anwesenden als Empfehlungen angenommen wurden. 1947 wurde ein Bericht des statistischen Komitees des Völkerbundes mit dem Titel *Measurement of National Income and the Construction of Social Accounts* publiziert, der später von den Vereinten Nationen übernommen wurde. Dieser Bericht gilt als Grundlagenwerk für die internationale Harmonisierung der Volkswirtschaftlichen Gesamtrechnungen.

on und damit auf das Bruttosozialprodukt, das somit international die älteren Konzepte des Volkseinkommens als wichtigste politische Kennzahl verdrängte.

Mit dem Marshallplan wurde aber nicht nur der Wiederaufbau Europas finanziert und das passende statistische Berechnungsinstrument dazu geliefert. Was der Marshallplan propagierte, war eine Vision. Paul Hoffman schrieb rückblickend:

> »Ihr könnt so werden wie wir: Das war die ursprüngliche Botschaft des Marshallplans, und es war die Aufgabe des Informationsprogramms, dies den Europäern überall zu vermitteln. Sie lernten, dass [...] [die Vereinigten Staaten, Anm. d. Verf.] das Land voller Regale und überquellender Geschäfte sind, ermöglicht durch hohe Produktivität und gute Löhne, und dass deren Wohlstand von allen kopiert werden kann, die bereit sind, sich dafür anzustrengen.«[264]

Für diese Vision lieferte das Bruttosozialprodukt (absolut, aber auch als Pro-Kopf-Indikator) den notwendigen Maßstab. Es ermöglichte den Vergleich zwischen den Staaten und war zugleich wichtige Zielgröße geworden: Die Messlatte, die man erreichen wollte, fand sich in den Vereinigten Staaten. Als Ideal galt eine Konvergenz, die Angleichung der unterschiedlich entwickelten Volkswirtschaften an die der USA. Damit hatte das Fortschrittsmodell der Aufklärung ausgedient, das weite Teile des 19. Jahrhunderts sowie den Kolonialismus geprägt hatte und das davon ausgegangen war, dass sich die unterschiedlichen Gesellschaften der Erde im Zuge des geradlinig verlaufenden Zivilisationsprozesses den ihnen sozial und kulturell überlegenen westlichen Zivilisationen immer mehr anpassen würden. Die

264 Zitiert nach David Ellwood, »The Marshall Plan and the Politics of Growth«, in: Richard Griffiths (Hg.), *Explorations in OEEC History*, Paris 1997, S. 99-107, hier S. 104.

neue Konvergenz hatte erst im zweiten Schritt eine soziale und kulturelle Dimension. Sie bezog sich zunächst auf die Wirtschaft und orientierte sich an vermeintlich nüchternen und wertfreien Zahlen: Die Idee der aufholenden Entwicklung war die einer Angleichung des Bruttosozialprodukts.

Die ökonomische Theorie des Wachstums

Die Konzentration auf das Wachstum des Bruttosozialprodukts erlaubte es, die innenpolitischen Herausforderungen der Beschäftigungsförderung mit der Vision der internationalen Konvergenz und der Erwartung von steigender wirtschaftlicher und politischer Stärke zu verbinden. Die Rolle des Bruttosozialprodukts beziehungsweise des BIP als politisches Phänomen ist untrennbar mit dem Wachstumsgedanken verbunden. Allerdings entstanden die modernen ökonomischen Wachstumstheorien erst, nachdem sich die Vorstellung von der Notwendigkeit des Wachstums in der amerikanischen Politik bereits durchgesetzt hatte.

Die klassische ökonomische Theorie hatte zwar traditionell die Vergrößerung der Produktion propagiert und sich dabei an einem materiell begründeten Wachstumsbegriff orientiert. Aber die nachfolgende neoklassische Theorie beschäftigte sich eher mit der Modellierung der Gesetzmäßigkeiten des sich von selbst ins Gleichgewicht pendelnden Marktes, nicht mit den dynamischen Prozessen des Wachstums. Auch die Konjunkturforschung, die in der Zwischenkriegszeit ihren Höhepunkt erlebt hatte, konzentrierte sich auf die Suche nach Gesetzen – sie sollte das kurzfristige Auf und Ab der Konjunktur erklären. Die keynesianische Theorie war zum Zeitpunkt ihres Entstehens auf das momentane Unterbeschäftigungsgleichgewicht in der Weltwirtschaftskrise ausgerichtet und taugte zunächst ebenfalls nicht als langfristige Wachstumsstrategie. Keynes selber äußerte sich kurz vor seinem Tod 1946 kritisch gegenüber dem amerikanischen Glauben an ein dauerhaftes Wachstum durch Ausweitung der Produktion.

Um Eingang in die moderne Wachstumstheorie finden zu können, musste die keynesianische Theorie zunächst dynamisiert und mit der Idee des Bruttosozialproduktanstiegs verknüpft werden. Colin Clark hatte dem Wachstum des Volkseinkommens bereits große Bedeutung beigemessen. Nicht nur hatte er die Wirtschaftskraft unterschiedlicher Länder anhand des Pro-Kopf-Einkommens miteinander verglichen, sondern auch untersucht, welche Bedingungen erfüllt sein müssten, damit ein maximaler wirtschaftlicher Fortschritt für eine maximale Zahl von Menschen möglich wäre. Dabei stand für ihn fest, dass in vielen Teilen der Welt die Produktion erhöht werden musste. Eine Zukunft materiellen Überflusses war für Clark noch lange nicht in Sicht. Eine eigene Wachstumstheorie aber konnte und wollte der überzeugte Empiriker mit seinen Ausführungen nicht begründen.

Während des Weltkrieges hatten sich einige Ökonomen mit dem Problem der unterschiedlichen Wirtschaftskraft einzelner Länder befasst. Besonders der in Krakau geborene Österreicher und später nach England ausgewanderte Paul Rosenstein-Rodan forschte zu diesem Thema. In einem Artikel aus dem Jahre 1943 machte er sich Gedanken darüber, wie die Entwicklungsunterschiede zwischen Ost- und Westeuropa bzw. Europa und Asien ausgeglichen werden könnten. Verstärkte Industrialisierung im Rahmen einer internationalen Arbeitsteilung war für ihn die Lösung. Wo Staaten eine solche Industrialisierung selbst nicht in Gang setzen könnten, sollte ausländische Kapitalhilfe dies leisten. Dabei stützte sich Rosenstein-Rodan auf zwei Annahmen: Erstens ging er davon aus, dass es in diesen Ländern einen großen Überschuss an Arbeitskräften gab, der durch den wachsenden industriellen Sektor absorbiert werden konnte. Zweitens war er der Überzeugung, dass massive Industrialisierungsprogramme durch den Staat geplant werden konnten und sollten.[265]

Im Jahre 1944 vertiefte Rosenstein-Rodan seine Ideen. In einem Artikel über die Entwicklung »wirtschaftlich rückständiger« Gebiete der Erde nahm er Clarks Idee auf, dass das reale Pro-Kopf-Einkommen das einzig relevante Maß des Fortschritts sei. Ebenso nutzte er Clarks Daten zur internationalen Einkommensentwicklung, um zu belegen, dass diese in den letzten Jahrzehnten nur in einem kleinen Teil der Welt positiv verlaufen war. Die Länder der Erde, die vom Wachstum ausgeschlossen waren, würden zunehmend ungeduldig, da sich der Fortschritt für sie nicht manifestierte. Daher solle man direkt deren Fortschritt fördern.[266] Schon um zukünftige Konflikte zu vermeiden, sollten die Einkommen und der Wohlstand in diesen Ländern erhöht werden. Doch damit sie, wie er sich ausdrückte, »von alleine reicher« werden könnten, wären internationale Kapitalhilfen unverzichtbar.[267] Durch Investitionen könne man Wachstum erzeugen, und Wachstum wiederum sorge für Beschäftigung und innen- wie außenpolitische Stabilität.

265 Raul Rosenstein-Rodan, »Problems of Industrialization of Eastern and South-Eastern Europe«, in: *The Economic Journal* 53/210-211 (1943), S. 202-211.

266 Paul Rosenstein-Rodan, »The International Development of Economically Backward Areas«, in: *International Affairs (Royal Institute of International Affairs)* 20/2 (1944), S. 157-165.

267 Ebd., S. 4.

Eine grundlegende theoretische Neuerung erfuhr der Wachstumsgedanke durch die keynesianischen Wachstumstheorien, für die Roy Harrod und Evsey Domar mit ihren Arbeiten wichtige Impulse gaben. Bereits 1939 hatte Harrod in seinem (damals allerdings kaum beachteten) Artikel »An Essay in Dynamic Theory« die Bedingungen für ein stetiges Wachstum beschrieben[268] und vorausgesagt, dass die Verlagerung des Fokus auf die Wachstumsrate zu einer »geistigen Revolution« führen werde.[269] Domar griff das Thema 1946 auf.[270] Dabei stellte er einen direkten Bezug zum Volkseinkommen her: »Man muss kein Keynesianer sein, um zu glauben, dass Beschäftigung irgendwie mit dem Volkseinkommen zusammenhängt und das Volkseinkommen irgendwie mit den Investitionen. Aber sobald Investitionen ins Spiel kommen, kommt man um Wachstum nicht mehr herum«.[271] Investitionen, so Domar, könnten sowohl Wachstum als auch das Einkommen vergrößern. Wachstum war für Domar aber noch kein politischer Selbstzweck. Das Ziel des Wachstums war Vollbeschäftigung.[272]

Die Aufsätze der beiden Autoren gaben Anlass zu weiteren Spekulationen über die Wachstumsrate, ihre Determinanten und die Möglichkeiten, sie zu beeinflussen, und so entstand der optimistische Glaube, dass sich quantitativ klar definierte Wachstumsraten durch entsprechende In-

268 Ron F. Harrod, »An Essay in Dynamic Theory«, in: *The Economic Journal* 49/193 (1939), S. 14-33.
269 Arndt, *The Rise and Fall*, S. 35, und Harrod, »An Essay in Dynamic Theory«, S. 256.
270 Evsey Domar, »Capital Expansion, Rate of Growth and Employment«, in: *Econometrica* 14/2 (1946), S. 137-147.
271 Ebd., S. 147.
272 H. W. Arndt, *The Rise and Fall of Economic Growth*, Melbourne 1978, S. 33.

vestitionen erzielen lassen. Da Wachstum innerhalb dieser Logik hauptsächlich eine Funktion der Investitionen war, konnte man es durch eine Ausweitung des Produktionspotentials von Gütern (und Dienstleistungen) steuern. Der Produktfokus der Kriegs- und Nachkriegszeit wurde dadurch noch weiter verstärkt – was vor dem Hintergrund des offensichtlichen Investitions- und Kapitalbedarfs im zerstörten Europa auch ausgesprochen plausibel schien.

Diese Denkweise hatte vor allem ab den fünfziger Jahren entscheidenden Einfluss auf die damals aufkommende Entwicklungsökonomie und -politik. Man ging davon aus, dass gerade in den Ländern der sogenannten Dritten Welt die Wachstumsprozesse durch großvolumige Infrastruktur- und entsprechende Industrieprojekte angestoßen werden könnten, und zwar von außen. Dabei übertrug man die positiven Erfahrungen des Marshallplans auf den Rest der Welt. Nicht zufällig wurden mehrere Mitarbeiter des ECA bedeutende Entwicklungstheoretiker.

Ebenso trugen einige der Wachstumstheoretiker der ersten Stunde aktiv dazu bei, dass sich auch innerhalb des Systems der Vereinten Nationen der Zuwachs des Bruttosozialprodukts als Definition von Entwicklung und Fortschritt durchsetzte. Hier ist insbesondere der Ökonom und spätere Nobelpreisträger Arthur Lewis zu nennen, der einige der frühen Grundlagendokumente der Vereinten Nationen zu Fragen der Entwicklung verfasste und 1955 mit seinem Buch *The Theory of Economic Growth* den Anspruch vertrat, dieses Thema erstmalig seit John Stuart Mills *Principles of Political Economy* von 1848 wieder für die ökonomische Theorie ausführlich zu behandeln.[273] Wachstum – das er als Veränderungsrate des Pro-Kopf-Bruttosozi-

273 Arthur Lewis, *The Theory of Economic Growth*, London 1955.

alprodukts definierte – war für ihn gleichbedeutend mit Fortschritt und Entwicklung.[274]

Vollbeschäftigung war nicht das einzige Ziel, das mit einer Erhöhung des Bruttosozialprodukts in Verbindung gebracht wurde. Die *Charta der Vereinten Nationen* von 1945 hatte im Kapitel IX festgelegt, dass Vollbeschäftigung und ein höherer Lebensstandard als gemeinsame Ziele aller Nationen verfolgt werden sollten. Das Wirtschaftswachstum werde zwangsläufig die Beschäftigung erhöhen, vor allem aber dadurch die materiellen Lebensbedingungen verbessern.[275]

Im Gründungsdokument der Organization for Economic Cooperation and Development (OECD), die 1960 die Nachfolge der OEEC antrat, hieß es, die Aufgabe der Organisation bestehe darin, »das höchste nachhaltige wirtschaftliche Wachstum und Beschäftigung und einen steigenden Lebensstandard zu erreichen«.[276] Die Dreieinigkeit aus Bruttosozialproduktsteigerung, Verringerung von Arbeitslosigkeit und Steigerung des materiellen Wohlstandes war das damalige westliche Glaubensbekenntnis, und der Anstieg des Bruttosozialprodukts galt als sichtbares Zeichen dafür, dass sich auch die beiden anderen Ziele erreichen ließen.

Wachstum im Wettstreit der Systeme

Für Harold G. Moulton, Präsident der Brookings Institution, war schon 1949 das Wachstum des Bruttosozialprodukts nicht nur wichtig, weil immer noch zu viele Familien auch in den Vereinigten Staaten materielle Not kannten,

274 Ebd., S. 10.
275 Arndt, *The Rise and Fall*, S. 37.
276 Ellwood, »The Marshall Plan«, S. 105.

sondern weil es Ausdruck militärischer Macht und »unabdingbar für das Ansehen innerhalb der Familie der Nationen« sei.[277] Wachstum und damit einhergehender materieller Wohlstand waren entscheidende Abgrenzungsmerkmale im internationalen Vergleich, besonders zur Sowjetunion.

Auch Simon Kuznets sah in der Vollbeschäftigung und den Entwicklungsproblemen Europas und der Dritten Welt nicht die wichtigsten Parameter für den politischen Erfolg des Wachstumsdogmas. Entscheidend waren der Wettbewerb mit der Sowjetunion und der Kalte Krieg. Der Kommunismus sowjetischer Prägung versprach ein Ende des sozialen Elends. Es ging darum, die Gesellschaft mit notwendigen Gütern zu versorgen und einen flächendeckenden materiellen Wohlstand zu erreichen, den es bis dahin nicht gegeben hatte. Materielle Versorgung war, so Kuznets, die »säkulare Religion« des Kommunismus.[278] In ihrer materialistischen Grundausrichtung verfolgten Kapitalismus und Kommunismus dasselbe Ziel, aber die Wege dorthin waren unterschiedlich. Sie standen dabei in einem Wettstreit, um zu zeigen, welches System die materiellen Bedürfnisse der Bevölkerung besser decken könnte.

Vor dem Hintergrund des politischen und wirtschaftlichen Zusammenbruchs des Sowjetsystems 1989 und dem damit verbundenen Triumph des westlich-kapitalistischen, liberalen Wirtschaftsmodells als vermeintlich einzig funktionierendem und universellem Pfad zum Wohlstand ist kaum noch nachvollziehbar, wie stark der Zweifel an der eigenen Leistungsfähigkeit vor allem in den Vereinigten Staaten noch bis in die sechziger Jahre war.

277 Harold G. Moulton, *Controlling Factors in Economic Development*, Washington 1949, S. 143.
278 Kuznets, *Toward a Theory*, S. 3.

Mit dem Aufstieg der Sowjetunion zur Atommacht begann nicht nur ein Wettrüsten, sondern auch der Wettlauf um die wirtschaftliche Vormachtstellung in der Welt. Ein 1953 in der Zeitschrift *Foreign Affairs* erschienener Artikel warnte vor einer Überlegenheit des sowjetischen Systems, die sich aus einer dort womöglich höheren Wachstumsrate ergeben könnte. Es war klar, welche Konsequenzen daraus zu ziehen wären: »Die Lösung dieses Problems liegt unzweifelhaft auf dem Feld der Wirtschaft. Wir müssen unsere Produktion steigern und den Abstand zwischen uns und ihnen so groß halten, wie er jetzt noch ist. Sonst spielt die Zeit für sie.«[279]

Mit den ersten Erfolgen der Sowjets in der Raumfahrt, sei es durch den Satelliten Sputnik oder durch den ersten Menschen im All, wurde die Angst vor dem wirtschaftlichen und technologischen Wachstum der Sowjetunion immer größer, zumal die sowjetische Führung unentwegt darauf pochte, dass die Industrie in ihrem Machtbereich schneller wachse als die des Westens und man diesen bald überholen werde. Da keine genauen Zahlen vorlagen, wusste man nicht, wie ernst diese Drohung zu nehmen war. Aber die Amerikaner sahen Anlass zur Sorge. Eine Abteilung des CIA war nur damit beschäftigt, aus sowjetischen Statistiken ein realistisches Bruttosozialprodukt zu berechnen, das einen Vergleich mit der amerikanischen Wirtschaftskraft erlaubte.

Auch die Entwicklungspolitik, die sich in den fünfziger Jahren als Politikfeld etablierte, war von der Angst vor dem Kommunismus geprägt. Wenn es gelingen würde, in den Ländern der Dritten Welt für ein stetiges Wachstum des Bruttosozialprodukts zu sorgen, wären diese Staaten

279 Zitiert nach Arndt, *The Rise and Fall*, S. 48.

– davon war man überzeugt – gegen die Verheißungen des Kommunismus gefeit. Der amerikanische Präsident Truman machte schon 1949 deutlich, dass Entwicklungspolitik der Abwehr des Kommunismus diene. Die Fixierung auf eine Erhöhung des Pro-Kopf-Einkommens und auf eine Vergrößerung des Wachstums in den Ländern der Dritten Welt hatte von Anfang an eine starke politische Komponente.[280]

Die internationale Rivalität beschränkte sich jedoch nicht auf die beiden Supermächte. Auch die Länder Westeuropas verglichen ihr Wirtschaftswachstum und die Steigerung des jeweiligen Pro-Kopf-Einkommens miteinander. 1954 legte die OEEC erstmals eine Vergleichsstudie von Bruttosozialproduktberechnungen nach der einheitlichen Messmethode vor, die Vereinten Nationen folgten 1957, wobei sie die OEEC-Zahlen nutzten.[281]

Der Wachstumsfokus erreichte seinen Höhepunkt in den sechziger Jahren. Jetzt hatte sich die keynesianisch inspirierte Idee einer politisch gesteuerten und in Zahlen klar festgelegten Wachstumsrate des Bruttosozialproduktes endgültig politisch durchgesetzt. In den USA versprach der demokratische Präsidentschaftskandidat John F. Kennedy, für ein jährliches Wachstum von 5 Prozent zu sorgen. Auch innerhalb der OECD wurde das Wachstumsziel in Zahlen verankert. Für die 1960er Jahre verpflichteten sich die Mitgliedsländer, ihr Wachstum kollektiv um 50 Prozent zu steigern.[282] In Deutschland trat 1967 das »Gesetz zur Förderung der Stabilität und des Wachstums der Wirtschaft« in Kraft. Wirtschaftliche Stabilität war nun oh-

280 Walt Whitman Rostow, *The Stages of Economic Growth. A Non-Communist Manifesto*, Cambridge 1960.
281 Vgl. Arndt, *The Rise and Fall*, S. 51.
282 Ebd., S. 65.

ne Wachstum gar nicht mehr zu denken: Die wirtschafts- und finanzpolitischen Maßnahmen hatten den »Erfordernisse[n] des gesamtwirtschaftlichen Gleichgewichts« zu entsprechen, und zwar »bei stetigem und angemessenem Wirtschaftswachstum«.

Der Beginn einer neuen Zeit

Die Folgen der stetigen Erhöhung des Bruttosozialprodukts in den westlichen Gesellschaften übertrafen schnell alle Erwartungen. Was sich in den späten fünfziger Jahren zeigte, war nicht nur eine wirtschaftliche Transformation, sondern ein ungeahnter gesellschaftlicher Wandel. Eindrucksvoll hat John Kenneth Galbraith dies 1958 in seinem Buch *The Affluent Society* (*Gesellschaft im Überfluss*) beschrieben: Die Wirtschaftswissenschaften hatten sich zu einer Zeit entwickelt, in der die Mehrzahl der Menschen in bitterer Armut lebte und die Ökonomie nicht umhin konnte, sich mit dem Problem der Massenarmut auseinanderzusetzen. Heute jedoch gehöre dieses Thema der Vergangenheit an. Das Phänomen der Massenarmut, die Soziale Frage, existiere nicht mehr.[283]

Traditionell eng mit der Armut verbunden war das Thema der Ungleichheit. Aus der sozialen Ungleichheit insbesondere der Einkommens- und Vermögensverteilung hatte sich die im 19. Jahrhundert immer lauter werdende Forderung abgeleitet, dass die Besitzenden den Ärmeren einen Teil ihres Reichtums abzutreten hätten. Dagegen argumentierten liberale Denker und Politiker, dass Ungleichheit ein notwendiges, aber gerechtes Übel sei und dass diejenigen, die arbeiten, eben auch die Früchte ihrer Arbeit genießen

283 John Kenneth Galbraith, *The Affluent Society*, Harmondsworth 1965 [1958].

dürften. Häufig wurde in der damaligen Zeit die These wiederholt, eine Umverteilung würde die falschen Anreize in der Gesellschaft schaffen und dazu führen, dass es allen schlechter ginge: Nur wenn es Reichtum gebe, könnten genügend Mittel angesammelt und investiert werden, wodurch überhaupt erst Arbeitsplätze für die Armen entstünden, kurz, ohne Ungleichheit sei kein wirtschaftlicher Fortschritt möglich. Schon Adam Smith hatte so argumentiert.

Aber in den fünfziger Jahren hatte sich das Problem scheinbar aufgelöst. Galbraith schrieb: »Es gibt kaum etwas, das in der modernen Geschichte so offensichtlich ist wie das verringerte Interesse an Ungleichheit. [...] Ungleichheit beschäftigt die Menschen nicht mehr.«[284] Während fünfzig Jahre zuvor über nichts so erbittert diskutiert worden war wie über die Möglichkeit, durch geeignete Steuern für eine gerechtere Verteilung zu sorgen, war dies kein aktuelles politisches Problem mehr. Das lag, wie Galbraith betonte, aber nicht daran, dass die Ungleichheit sich verringert hätte; es lag daran, dass sich durch Vollbeschäftigung und steigende Löhne die Situation derer, die am unteren Ende der Gesellschaft lebten, verbessert hatte. Daher sei auch die Forderung nach Umverteilung verstummt – mit steigenden Löhnen war sie gegenstandslos geworden.

Die historische Besonderheit der modernen Welt bestand für Galbraith darin, dass eine Ausweitung der produzierten Gütermenge direkt die wirtschaftliche Situation der gesamten Bevölkerung veränderte, auch die Situation der Ärmeren. Früher sei es den Armen egal gewesen, ob mehr produziert wurde oder nicht, da dies keine unmit-

284 Galbraith, *The Affluent Society*, S. 76.

telbaren Auswirkungen auf ihr Leben hatte. Erst wenn der Einzelne spüre, dass eine Ausweitung der Produktion ihm persönlich zugutekomme, habe er einen Anreiz, zur Verbesserung seines Outputs, seiner Produktionsmethoden oder zum technologischen Fortschritt beizutragen.

In entwickelten Volkswirtschaften war die Ausweitung der Produktion und damit die Steigerung des Bruttosozialprodukts demnach eine wirksame Alternative zur Umverteilung. Die Ausweitung der Produktion war, historisch gesehen, der Kitt, der die Gesellschaft zusammenhielt. Sie hatte die sozialen Spannungen neutralisiert, die einst durch die Ungleichheit entstanden waren. Sich auf eine höhere Produktion zu konzentrieren, war das Zaubermittel, das zugleich Arm wie Reich an die Vorteile einer entsprechenden Politik glauben ließ: Ein hohes Bruttosozialprodukt zu erstreben war gesellschaftlicher Konsens, denn es kam allen zugute.[285]

Dass es den ärmeren Gesellschaftsschichten immer besser ging, war eine durch Zahlen belegbare Tatsache: »Es ist der Output der letzten Jahrzehnte, nicht die Umverteilung der Einkommen, der den großen materiellen Aufstieg hervorgebracht hat, das Wohlergehen [*well-being*] des Durchschnittsmenschen.«[286] Was Wirtschaftswachstum erreichen konnte, war sagenhaft: Die historisch einzigartige Steigerung des Bruttosozialprodukts hatte nicht nur den materiellen Wohlstand vermehrt und das Ende der Armut und der Not bewirkt, sondern auch die Diskussionen darüber verstummen lassen, wie viel man selbst besitzen durfte und wer wem etwas abzugeben hatte.

285 Ebd., S. 86.
286 Ebd., S. 87.

Die transformative Kraft der Gesellschaft, die man mit einer Erhöhung des Bruttosozialprodukts in Verbindung brachte, beschrieb auch Ludwig Erhard in seinem ein Jahr zuvor erschienenen Buch *Wohlstand für Alle* ähnlich am Beispiel Deutschlands.

Laut Erhard war es vor dem Weltkrieg lediglich einer zahlenmäßig kleinen Oberschicht vergönnt gewesen, einen hohen materiellen Lebensstandard zu erringen. Deshalb habe die Wirtschaftspolitik vor allem die Voraussetzungen dafür zu schaffen, dass »immer weitere und breitere Schichten unseres Volkes zu Wohlstand« geführt werden können. Es gelte, die »alte konservative soziale Struktur« endgültig zu überwinden, ebenso das »Ressentiment zwischen ›arm‹ und ›reich‹«.[287]

Die Grundidee war dabei, eher »Wohlstandsmehrung durch Expansion zu vollziehen als Wohlstand aus einem unfruchtbaren Streit über eine andere Verteilung des Sozialprodukts erhoffen zu wollen«. Und die Zahlen, die Erhard ins Feld führen konnte, sprachen für sich. Die erste Tabelle, die im Buch präsentiert wird, zeigt die Entwicklung des deutschen Sozialprodukts zwischen 1936 und 1956 – es hatte sich zwischen 1949 und dem Zeitpunkt der Veröffentlichung des Buches verdoppelt. Dazu Erhard:

> »Dieser Hinweis auf den unbestreitbaren Erfolg dieser Politik lehrt, wie ungleich sinnvoller es ist, alle einer Volkswirtschaft zur Verfügung stehenden Energien auf die Mehrung des Ertrages der Volkswirtschaft zu richten als sich in Kämpfen um die Distribution des Ertrages zu zermürben und sich dadurch von dem allein fruchtbaren Weg der Steigerung des Sozialprodukts abdrängen zu lassen. Es ist sehr viel leichter, jedem einzelnen aus einem immer größer werdenden Kuchen ein größeres Stück zu gewähren als einen Gewinn aus einer Auseinandersetzung um die Verteilung

287 Ludwig Erhard, *Wohlstand für Alle*, Düsseldorf 1957, S. 7.

eines kleinen Kuchens ziehen zu wollen, weil auf solche Weise jeder Vorteil mit einem Nachteil bezahlt werden muß.«[288]

Außerdem hatte der private Konsum in dieser Zeit stärker zugenommen als in allen anderen Ländern der OEEC: »Selbst die revolutionärste Umgestaltung unserer Gesellschaftsordnung hätte es niemals vermocht, den privaten Verbrauch dieser oder jener Gruppe auch nur um Bruchteile der tatsächlich erreichten Steigerung zu erhöhen; denn gerade solch ein Versuch hätte zu einer Lähmung und Stagnation der Volkswirtschaft geführt.«[289] Wer hingegen Überlegungen zu einer gerechteren Verteilung des Sozialprodukts anstellte – Erhard setzte das Wort *gerecht* in Anführungszeichen – war der klare Verfechter der verabscheuungswürdigen Ideologie, sich »auf Kosten anderer Vorteile verschaffen zu wollen«.[290]

Seit 1954 herrschte in Deutschland Vollbeschäftigung, die laut Erhard seit der Krise der dreißiger Jahre »das erstrebenswerteste Ziel« gewesen war.[291] Das unendliche Streben nach materiellen Gütern war für ihn geradezu Garant des Fortschritts und der Zivilisation. Zwar waren die Güter, die Erhard dabei vorschwebten, aus heutiger Sicht recht bescheiden – Kühlschränke, Waschmaschinen und Staubsauger gehörten dazu, eventuell sogar ein Auto –, aber der immer weitergehende Konsum werde nicht weniger bewirken als die »glückliche und gedeihliche Entwicklung der Welt«.

Die avisierte Erhöhung des Lebensstandards berührte daher »nicht so sehr Verteilungs- als vielmehr Produktions- bzw. Produktivitätsprobleme«. Die Lösung war die

288 Ebd., S. 10.
289 Ebd., S. 11.
290 Ebd.
291 Ebd., S. 81.

»Multiplikation des Sozialproduktes«.[292] Weiter schrieb Erhard:

> »Wir bauen keine ägyptischen Pyramiden als Selbstzweck; nein, jede neue Maschine, jedes anlaufende Kraftwerk, jeder zusätzliche Arbeitsplatz und jedwede anderen Mittel der Leistungssteigerung dienen in letzter Konsequenz der Bereicherung des menschlichen Seins aller im Bereich der sozialen Marktwirtschaft lebenden und schaffenden Menschen. Ich werde dabei nie müde werden, dafür zu sorgen, daß die Frucht des wirtschaftlichen Fortschritts immer breiteren und am Ende möglichst allen Schichten des Volkes zugute kommt.«[293]

Das historisch unerhörte Ziel der Bruttosozialprodukterhöhung lautete »Wohlstand für alle«. Dass dies zu formulieren überhaupt möglich war, lag daran, dass das alte Denken in Konjunkturzyklen, ein als »unumstößlich« geltendes Gesetz mit unkalkulierbaren sozialen Folgen, keine Gültigkeit mehr besaß. Seit den späten 40er Jahren schien es, als wäre dieser ewige Rhythmus des wirtschaftlichen Auf und Ab überwunden, als wären Vollbeschäftigung und kontinuierlicher Aufstieg der Wirtschaft zum neuen Gesetz geworden. Die Steigerung des Bruttosozialprodukts war der Königsweg zur Glückseligkeit.

Galbraith und Erhard spiegelten in ihren Ausführungen traditionelle Positionen der Ökonomie wider. Die Vorstellung Adam Smiths von einem »universellen Wohlstand« aufgrund einer immer höheren Produktivität und einer immer größeren Ausweitung der Produktion schien endlich verwirklicht. Ohne näher auf den Begründer der Ökonomie einzugehen, beschrieben beide Autoren genau das Szenario, das Smith in seinem *Wohlstand der Nationen* aufgezeigt hatte. Auch die Lösung der sozialen Not durch

292 Ebd., S. 232 und 227.
293 Ebd., S. 232.

materiellen Wohlstand und größere Produktion, wie sie von Alfred Marshall und Arthur Pigou propagiert worden war, findet sich bei ihnen wieder. Nun aber war aus einer allgemeinen theoretischen Grundannahme ein konkret messbarer Mechanismus geworden, der sich steuern ließ. Die Steigerung der Güterproduktion trug ganz offensichtlich Früchte.

Auch auf die Frage, ob die Ausrichtung auf immer größeres Wachstum nicht zu einem »verderblichen Materialismus« führen würde, hatte Erhard eine Antwort: Paradoxerweise sei die Wohlstandsvergrößerung in der Lage, »den Menschen einer primitiven, nur materialistischen Denkweise zu entreißen«.[294] Solange die Menschen »in den Kümmernissen des Alltags gefangen sind«, sei es nicht verwunderlich, dass sie nach Materiellem strebten. Wohlstand hingegen werde dazu führen, dass die Menschen zu ihrer »Würde« und »zum Bewußtsein ihrer selbst« gelangen und »sich aus materialistischer Gesinnung lösen [...] können«.[295] Eine Gesellschaft müsse sich um Wachstum bemühen, um auch denjenigen ihrer Mitglieder eine solche geistig-kulturelle Entwicklung zu ermöglichen, deren sozialer Standard noch unbefriedigend sei:

> »Jene Schichten, die mehr und mehr in den Genuß eines verstärkten Konsums gelangen, sind auch nicht deshalb zu tadeln, weil ihnen die jetzt erreichbaren Güter zunächst einmal Erfüllung ihrer Sehnsucht bedeuten oder weil sie in dieser Phase noch gar nicht fähig sein können, bei ihrer Bedarfsbefriedigung geistige, seelische, kulturelle und materielle Werte in eine gemäßigte Rangordnung zu bringen. Mit der Sicherung des sozialen Seins wird es gewiß zu einer stärkeren Besinnung kommen, die Gut und Böse, Wert und Unwert besser zu unterscheiden vermag.«[296]

294 Ebd., S. 234.
295 Ebd.
296 Ebd., S. 238.

Der materielle Wohlstand war nicht der Endzweck, aber Mittel zum Zweck. Letztendlich wolle man »Besseres erreicht sehen [...] als die Zahl der konsumierten Beefsteaks und Koteletts weiter ansteigen zu lassen«. Ziel war es, die Menschen zu »einer anderen Wertung ihrer Lebensführung« zu bringen. Aber das sei schließlich nicht Aufgabe der Wirtschaftspolitiker.[297] Jedenfalls werde der Tag kommen, an dem man nicht länger in der Vergrößerung des materiellen Wohlstandes das Heil erblicken werde.

Für Ludwig Erhard war es bis dahin noch ein langer Weg. Denn daran, dass sich das deutsche Sozialprodukt und damit die materiellen Lebensweisen zunächst einmal dem amerikanischen Vorbild angleichen müssten, konnte es auch ihm zufolge keinen Zweifel geben.

297 Ebd., S. 240.

Fazit

Während in den 1960er Jahren die Idee von der Notwendigkeit, das Bruttosozialprodukt zu steigern, anscheinend endgültig und weltweit politisch triumphierte, begann man sich plötzlich auch daran zu reiben. Nicht nur der Fokus auf wachsenden materiellen Wohlstand durch erhöhte Produktion und die damit verbundenen und immer offener zu Tage tretenden sozialen und ökologischen Folgen provozierten gesellschaftliche Kritik – das Bruttosozialprodukt selbst und seine Berechnungsmethode kamen auf den Prüfstand. Als die »Kümmernisse des Alltags« in den meisten Ländern der westlichen Welt überwunden waren, setzte auch die Kritik an der Dominanz des materiellen Wachstumsbegriffs ein, und die Sinnhaftigkeit des »Zeitalters des Massenkonsums« (Walt Rostow) nach amerikanischem Vorbild wurde immer mehr hinterfragt.

Es schien sich zu bewahrheiten, was Erhard vorhergesehen hatte: die Lösung aus der »materialistischen Gesinnung«. Die Kritik am Bruttosozialprodukt und an der Idee des unbegrenzten Wachstums nahm zu und ist seitdem nicht mehr verstummt.[298] Aber an der zentralen Rolle, die sowohl das Bruttosozialprodukt (seit den neunziger Jahren das BIP) als auch das Wachstum weiterhin in unserer (politischen) Kultur spielen, hat sich wenig geändert. Nicht nur gilt das BIP nach wie vor als wichtigster »Indikator zur Analyse der wirtschaftlichen Leistungsfähigkeit

298 Für einen Überblick über die Geschichte der BIP- bzw. Bruttosozialproduktkritik siehe Lorenzo Fioramonti, *Gross Domestic Problem. The Politics Behind the World's Most Powerful Number*, London 2013.

und der Wohlfahrtsentwicklung einer Volkswirtschaft«.[299] Auch als internationaler Vergleichsmaßstab ist das BIP wichtiger denn je. »Bisher hat das BIP alle Attacken auf seine Existenzberechtigung überlebt«,[300] denn es hat sich dauerhaft als politisch nützlich erwiesen.

William Petty schwebte genau solch eine Entwicklung vor. Seine Vorstellungen der politischen Arithmetik erfüllten sich mit der Durchsetzung von Bruttosozialprodukt und BIP. Petty träumte davon, dass sich einmal die Politik auf Zahlen stützen werde, auf eine Empirie, die die »wunderlichen und komplizierten Wege dieser Welt« erklärt, die Macht und den Ruhm des Regenten befördert sowie das Los der Menschheit verbessern hilft. Zu seinen Lebzeiten schien dies noch Phantasterei.

Das Interesse an einer Volkseinkommensstatistik setzte erst im Zuge der Großen Depression ein und hat seinen Ursprung darin, dass die »wunderlichen Wege« der Wirtschaft lange nicht verstanden werden konnten. Aber für die Entwicklung einer vollständigen politischen Arithmetik taugte die Volkseinkommensermittlung noch nicht. Zwar hatte Colin Clark mit seinen methodischen Überlegungen zur Ermittlung des Volkseinkommens, zur Nützlichkeit des internationalen Vergleiches und mit ersten theoretischen Überlegungen zur Erfassung und Messung des Wirtschaftswachstums Bahnbrechendes geleistet. Aber seine Ideen begründeten eben noch keine moderne politische Arithmetik, wie er es eigentlich erhofft hatte.

Simon Kuznets hingegen spielt in der Geschichte des BIP die Rolle des Anti-Petty. Seine Überlegungen und Be-

299 Rolf Kroker, »Das Bruttoinlandsprodukt hat als Wohlstandsmaß nicht ausgedient!«, in: *Ifo Schnelldienst* 4 (2011), S. 3-6.

300 Ebd., S. 3.

rechnungen zum Volkseinkommen waren viel zu vorsichtig, als dass sie für eine Regierung ein besonders nützliches Instrument hätten werden können. Erst als seine Ideen zur statistischen Erfassung wirtschaftlicher Vorgänge von seinen ehemaligen Schülern im Department of Commerce unter Zuhilfenahme der Keynes'schen Theorie verändert wurden, als sich das politische Augenmerk aufgrund der Notwendigkeit, die Wirtschaft den Anforderungen des Krieges anzupassen und dazu grundlegend zu transformieren, von den Einkommen hin zur Menge der produzierten Güter verschob, wurde aus dem Versuch, anhand von Zahlen die Wirtschaft zu verstehen, politische Arithmetik: ein Zahlensystem, das durch den Staat definiert wurde, den Interessen des Staates entgegenkam, staatliches Handeln dokumentierte und damit legitimierte.

Mit der Durchsetzung des Bruttosozialprodukts und der damit einhergehenden Schwerpunktverlagerung auf die Produktion wurde aus einer vergangenheitsbezogenen Statistik zugleich ein Instrument der Prognose und der staatlichen Zukunftsplanung. Das Bruttosozialprodukt hatte sich während der Kriegsplanungen bewährt, und auch nach dem Krieg sah man in der Ausweitung der Produktion einen Lösungsansatz für anstehende politische Herausforderungen, sei es Vollbeschäftigung oder das erhoffte Ende der materiellen Not. Dauerhaftes Wachstum des Bruttosozialprodukts war die politische Forderung der Nachkriegszeit.

Gleichzeitig exportierten die Vereinigten Staaten im Rahmen des Marshallplans und der einsetzenden Entwicklungspolitik nicht nur die Idee des Bruttosozialprodukts und dessen Berechnungsmethode, sondern damit auch ihre eigene Wachstumsideologie in die Länder ihres politischen Einflussbereichs. Dadurch setzte sich im globalen Maßstab eine weitgehend einheitliche Art und Weise durch, den Zustand der Wirtschaft zu quantifizieren und zu interpretieren. Das Bruttosozialprodukt, sei es pro Kopf ermittelt oder als Wachstumsrate ausgedrückt, wurde zur Standardreferenz, um den Zustand eines Landes in komprimierter Form zu beschreiben.

Dabei war die Höhe des Bruttosozialprodukts oder des Pro-Kopf-Einkommens ein Indikator für politische, wirtschaftliche und auch militärische Macht. Nicht nur erlaubte die Wachstumsstatistik den zahlengestützten Vergleich der eigenen Gesellschaft mit dem Sowjetsystem, sie zeigte darüber hinaus zweierlei: Zum einen, dass die Vereinigten Staaten der internationale Maßstab wirtschaftlicher Macht waren, an dem sich alle übrigen Staaten (zumindest in der westlichen Welt) zu orientieren hatten; zum anderen, dass es in jedem Land der Erde möglich war, den materiellen Wohlstand Amerikas zu erreichen – ein dauerhaftes Wachstum des Bruttosozialprodukts vorausgesetzt. Das langfristige Ziel bestand in einer internationalen Angleichung der Lebensverhältnisse. Das galt auch für die Entwicklungsländer.

Der Glaube an die Wichtigkeit immerwährenden Wachstums war selbstverstärkend. In den ersten Jahrzehnten nach dem Zweiten Weltkrieg wurde durch die Ausweitung der Produktion in vielen Ländern nicht nur Vollbeschäftigung erreicht und der materielle Lebensstandard erhöht, es trat auch, wie es Galbraith und Erhard schilderten, eine ungeahnte gesellschaftliche Veränderung ein. Wachstum hatte zu einer gesellschaftlichen Modernisierung geführt, zu einem Ende der jahrzehntelangen ideologischen Kämpfe über Verteilung, Revolution und die Lösung der Sozialen Frage. Mit dem Wachstum setzte ein, was Petty schon Jahrhunderte früher als Losung erfolgreicher Regierungsarbeit ausgeben hatte: Ein Leben in *peace and plenty*. Und auch die Meinung klassischer Ökonomen wie Adam Smith, Alfred Marshall und Arthur Pigou, dass in einer Ausweitung der Produktion ein Schlüssel zur Lösung gesellschaftlicher Probleme bestehe, schien sich zu bewahrheiten.

Das Bruttosozialprodukt und sein erwünschtes Wachstum dienten daher nie als bloßes Informationsinstrument. Seine Akzeptanz im politischen Raum war abhängig von bestimmten politischen Zielen. Dass man diese tatsächlich, wie es eine Zeitlang schien, durch eine Ausweitung der Produktion erreichen konnte, festigte die Position des Bruttosozialproduktes weiter: Nur dessen Wachstum – so lautete bald das politische Dogma – könne die Lösung unterschiedlichster Probleme ermöglichen bzw. garantieren, und ein Staat, der auf ein großes Nationalprodukt oder ein hohes Pro-Kopf-Einkommen verweisen konnte, verschaffte sich damit international Respekt.

Aber auch wenn man von den politischen Zielsetzungen absieht, die sich mit dem Bruttosozialprodukt und dem BIP verbinden, ist es verständlich, warum das BIP weiterhin politisch akzeptiert wird. Es bietet einen scheinbar objektiven, vermeintlich ideologie- und werturteilsfreien, auf nüchternen Zahlen basierenden Überblick über wirtschaftliche Prozesse. Es wird nach Kriterien erfasst und gemessen, die transparent und nachvollziehbar sind. Dass das BIP eine Vielzahl von Einzelaggregaten in einer einzigen Zahl zusammenfasst, bedeutet eine Informationsdichte, die in der öffentlichen Statistik ihresgleichen sucht. Auch dass sich das BIP kurzfristig bestimmen, dass es sich für die Periode eines Jahres oder gar von Quartalen angeben lässt, macht es für Regierungen brauchbarer als Daten, die sich erst in der langen Frist verändern oder erfasst werden können.

Das Bruttosozialprodukt, so eine immer noch weit verbreitete Ansicht, »hat sich als sehr nützlich erwiesen, um zu verstehen und zu erklären, was in der Wirtschaft vor sich geht«.[301] Joseph Schumpeter war sich dessen allerdings nicht so sicher. Für ihn war das Nationalprodukt »ein Produkt der Einbildung, das, im Gegensatz zum Preisniveau, nicht existieren würde, hätten Statistiker es nicht erschaffen. Wir stehen [...] einem bedeutungslosen Haufen gegenüber – für die meisten Zwecke ein in höchstem Maße lästiges Gemisch«.[302]

Auch Sarkozy bemängelte, wie eingangs geschildert, den Kult um Zahlen, den der Glaube an die Notwendigkeit von Wachstum hervorgerufen hat. Ebenso kritisierte er, man habe die Zahlen des BIP mit der Realität verwechselt. Ähnliches hatte Lionel Robbins bereits in den dreißiger Jahren geschrieben, als er darauf hinwies, dass es sich bei der Berechnung des Volkseinkommens lediglich um eine Berechnungskonvention handle.

Diese Konvention ist das Ergebnis eines langen politischen Konditionierungsprozesses, innerhalb dessen es sich eingebürgert hat, die Bruttosozialproduktstatistik als realistisches Abbild wirtschaftlicher Vorgänge zu verstehen. Je mehr das Bruttosozialprodukt zum Teil der politischen Kultur des Westens wurde, umso mehr vergaß man die Hintergründe seiner Entstehung und Berechnung. Es setzte ein, was Moshe Syrquin folgendermaßen beschrieb: »Wenn die Berechnungsmethode einmal durchgeführt wird, ist es einfach und verführerisch zu vergessen, dass sie ein künstliches Konstrukt ist, das die Ergebnisse einer My-

301 Richard Ruggles, *An Introduction to National Income and Income Analysis*, New York 1949, S. 3.

302 Joseph Schumpeter, *Business Cycles*, S. 484 und S. 561, zitiert nach Maddison, *Contours*, S. 7.

riade von Entscheidungen von Individuen zu einer Zahl aggregiert, die weder den Willen aller ausdrückt noch deren Aktivitäten.«[303] Die Einwände Simon Kuznets', dass eine internationale Berechnungskonvention die Unterschiedlichkeit der Welt nivelliere, ja, dass es unmöglich sei, unterschiedliche Länder anhand einer aggregierten Zahl zu vergleichen, waren beim Versuch, die Bruttosozialproduktberechnung als internationalen Standard zu etablieren, hinderlich. Ebenso hinderlich waren aus Regierungssicht die Bedenken von Kuznets und Clark, die fragten, ob staatliche Aktivitäten in die Berechnung des Bruttosozialprodukts einfließen sollten. Am störendsten für eine Durchsetzung der politischen Arithmetik des BIP war jedoch die Forderung von Kuznets, dass man sich über Sinn und Zweck allen Wirtschaftens immer wieder neu verständigen müsse und dass man – weil die Vorstellungen davon, was wirtschaftliche Aktivitäten sind, auf einem Konsens beruhen, der sich ändern kann – die Messmethoden entsprechend anzupassen habe.

Für Kuznets stand der Mensch und seine Wohlfahrt im Mittelpunkt des Wirtschaftens. Daher wollte er, dass sich die Volkseinkommensberechnung an der Höhe des Einkommens orientiere, das die Menschen erzielen. Die Festlegung auf einen Wert der produzierten Gütermenge blendet diesen Aspekt vollkommen aus.[304] Laut Kuznets kommt es darauf an, ob sich die Wohlfahrt eines Landes im Laufe der Zeit verändert – und nicht auf die Zahl der für den Markt produzierten Güter.[305]

303 Syrquin, *GDP as Measure of Economic Welfare*, S. 6.

304 Simon Kuznets, »National Income and Economic Welfare«, in: ders., *Economic Change. Selected Essays in Business Cycles, National Income and Economic Growth*, New York 1953, S. 59f., zitiert nach Syrquin, *GDP as Measure of Economic Welfare*, S. 6.

305 Kuznets, »Measurement of Economic Growth«, S. 25.

Wenn aktuell international versucht wird, parallel oder gar anstelle des BIP eine eigene statistische Messung der Wohlfahrt einer Gesellschaft zu etablieren, zeigt das, wie richtig Kuznets mit seinen Ideen lag und wie notwendig solche Diskussionen sind, die Gilbert und viel früher auch Petty als *philosophisch* oder *moralisch* abtaten. Denn in diesen Versuchen, ein anderes Maß menschlichen Wohlergehens zu finden, geht es darum, die elementaren Fragen nach dem Sinn allen Wirtschaftens zu stellen und zu diskutieren. Das BIP ist eben nur *eine* Form, die »wunderlichen Wege der Welt« zu beschreiben, und anscheinend ist es nicht länger eine Beschreibung, mit der sich alle anfreunden können.

Das BIP und die Idee des Wachstums entstammen einer besonderen Zeit mit besonderen weltpolitischen Umständen und Herausforderungen. Es waren diese Umstände, deren Zusammenspiel dazu führte, dass sich jene Konzepte politisch durchsetzen konnten. Ein Wissen um die Entstehung des BIP könnte all diejenigen zum Nachdenken bringen, die reflexartig glauben, das BIP-Wachstum sei ein geeigneter Lösungsansatz für die Herausforderungen des 21. Jahrhunderts. Gleichzeitig zeigt die Erfolgsgeschichte des BIP aber auch allen, die darauf hoffen, dass sich ein Alternativmodell zum BIP durchsetzen lässt, wie schwierig es sein wird, dessen Siegeszug zu wiederholen und die Macht der einen Zahl zu brechen.

»Soziologie« in der edition suhrkamp Eine Auswahl

Pablo Alabarces. Für Messi sterben? Der Fußball und die Erfindung der argentinischen Nation. es 2608. 287 Seiten

Louis Althusser. Für Marx. Vollständige und durchgesehene Ausgabe. Herausgegeben von Frieder Otto Wolf. es 2600. 409 Seiten

Arjun Appadurai. Die Geographie des Zorns. Übersetzt von Bettina Engels. es 2541. 158 Seiten

Jakob Arnoldi. Alles Geld verdampft. Finanzkrise in der Weltrisikogesellschaft. Übersetzt von Niklas Hofmann. es 2590. 92 Seiten

Zygmunt Bauman
- Flüchtige Moderne. Übersetzt von Reinhard Kreissl. es 2447. 260 Seiten
- Gemeinschaften. Auf der Suche nach Sicherheit in einer bedrohlichen Welt. Übersetzt von Frank Jakubzik. es 2565. 180 Seiten
- Leben in der flüchtigen Moderne. Übersetzt von Frank Jakubzik. es 2503. 287 Seiten
- Wir Lebenskünstler. Übersetzt von Frank Jakubzik. es 2594. 206 Seiten

Peter-Paul Bänziger/Stefanie Duttweiler/Philipp Sarasin/ Annika Wellmann (Hg.). Fragen Sie Dr. Sex. Ratgeberkommunikation und die mediale Konstruktion des Sexuellen. es 2595. 376 Seiten

NF 350/1/2.12

Ulrich Beck

- Nachrichten aus der Weltinnenpolitik. es 2619. 149 Seiten
- Die Neuvermessung der Ungleichheit unter den Menschen: Soziologische Aufklärung im 21. Jahrhundert. Eröffnungsvortrag zum Soziologentag »Unsichere Zeiten« am 6. Oktober 2008 in Jena. 57 Seiten
- Risikogesellschaft. Auf dem Weg in eine andere Moderne. es 1365 und es 3326. 396 Seiten

Ulrich Beck/Angelika Poferl (Hg.). Große Armut, großer Reichtum. Zur Transnationalisierung sozialer Ungleichheit. es 2614. 694 Seiten

Ulrich Beck/Anthony Giddens/Scott Lash. Reflexive Modernisierung. Eine Kontroverse. es 1705. 364 Seiten

Pierre Bourdieu

- Ein soziologischer Selbstversuch. Übersetzt von Stephan Egger. Mit einem Nachwort von Franz Schultheis. es 2311. 160 Seiten
- Praktische Vernunft. Zur Theorie des Handelns. Übersetzt von Hella Beister. es 1985. 226 Seiten
- Soziologische Fragen. Übersetzt von Hella Beister und Bernd Schwibs. es 1872. 256 Seiten

Elena Esposito. Die Fiktion der wahrscheinlichen Realität. Übersetzt von Nicole Reinhardt. es 2485. 127 Seiten

Hartmut Häußermann/Dieter Läpple/Walter Siebel. Stadtpolitik. es 2512. 403 Seiten

Wilhelm Heitmeyer (Hg.)

- Deutsche Zustände. Folge 1. es 2290. 304 Seiten
- Deutsche Zustände. Folge 2. es 2332. 320 Seiten
- Deutsche Zustände. Folge 3. es 2388. 300 Seiten

NF 350/2/2.12

- Deutsche Zustände. Folge 4. es 2454. 320 Seiten
- Deutsche Zustände. Folge 5. es 2484. 300 Seiten
- Deutsche Zustände. Folge 6. es 2525. 308 Seiten
- Deutsche Zustände. Folge 7. es 2552. 328 Seiten
- Deutsche Zustände. Folge 8. es 2602. 319 Seiten
- Deutsche Zustände. Folge 9. es 2616. 348 Seiten
- Deutsche Zustände. Folge 10. es 2647. 336 Seiten

Claudia Honegger/Sighard Neckel/Chantal Magnin (Hg.). Strukturierte Verantwortungslosigkeit. Berichte aus der Bankenwelt. Mit einem Text von Elfriede Jelinek. es 2607. 395 Seiten

Martina Löw/Renate Ruhne. Prostitution. Herstellungsweisen einer anderen Welt. es 2632. 215 Seiten

Daniel Miller. Der Trost der Dinge. Fünfzehn Porträts aus dem London von heute. es 2613. 226 Seite

Stephan Moebius/Markus Schroer (Hg.). Diven, Hacker, Spekulanten. Sozialfiguren der Gegenwart. es 2573. 462 Seiten

Richard Münch.
- Die akademische Elite. Zur sozialen Konstruktion wissenschaftlicher Exzellenz. es 2510. 474 Seiten
- Akademischer Kapitalismus. Über die politische Ökonomie der Hochschulreform. es 2633. 457 Seiten
- Globale Eliten, lokale Autoritäten. Bildung und Wissenschaft unter dem Regime von PISA, McKinsey &. Co. es 2560. 266 Seiten

Werner Schiffauer. Nach dem Islamismus. Die Islamische Gemeinschaft Milli Görüş. Eine Ethnographie. es 2570. 391 Seiten

Mark Terkessidis. Interkultur. es 2589. 220 Seiten

NF 350/3/2.12